你知道吗？

孩子的成长是有规律的。

希望这本书能帮你

真正了解自己的孩子。

全球阶梯教养圣经

Your Seven-Year-Old

你的7岁孩子

〔美〕路易丝·埃姆斯
〔美〕卡罗尔·哈柏　　著

玉冰　译

北京联合出版公司
Beijing United Publishing Co.,Ltd.

目 录

contents

1
Chapter

沉静、内敛、退缩——
七岁孩子的年龄特征

> 七岁是一个退缩的、内敛的、沉静的年龄段。对任何事情都过度敏感，个个都是"小担心"，很少有人能让七岁的孩子觉得这人对他好。但是七岁的孩子也往往是个好学生，而且追求完美主义，变得越来越讲道理，越来越愿意站在别人的角度来看待事情了。同时，他实际上已经表现出了一种细微的、全新的、正在成长的独立感，喜欢有自己的空间，好思索。所以，此时家长们要尊重孩子越来越多的自我控制，并且要理解孩子、呵护孩子，不要让他对自己要求太高了。

- ⊙ 独立感增强，越来越通情达理
- ⊙ 一旦开始做起来，往往很难放得下
- ⊙ 自我意识增强
- ⊙ 追求完美主义
- ⊙ 易退缩
- ⊙ 渴望获得属于自己的空间
- ⊙ 了解并尊重孩子的年龄特点，理解并呵护孩子的心灵

- ⊙ 孩子的成长，会在和顺阶段与不和顺阶段、内向阶段与外向阶段之间来回交替
- ⊙ 尊重孩子的个体差异，理解孩子的自我意识

2 Chapter

友善和谐，渴望别人的认同——
七岁孩子的人际交往

> 七岁孩子的性格总体特征是沉静、有自我控制的，所以在与人相处的时候，能够开始为他人着想，渴望得到朋友和老师的认同，整体关系比以往更加和谐融洽。与老师的关系带有较强的个人感情色彩；母子关系一如既往地友善，同时又不再紧密纠缠，亲子关系比较放松；不论男孩和女孩，对父爱的渴望增强，父亲的形象更加高大；祖孙情深，兄弟姐妹关爱友善，只是常常和年龄相近的兄弟姐妹因为争宠而闹矛盾。

3
Chapter

正确地养育，精心地呵护——
七岁孩子的日常作息

从总体上来看，七岁孩子的健康状况比六岁的时候要好很多。人们越来越懂得良好的饮食营养对孩子的重要性，"正确地养育孩子"对提高七岁孩子的健康状况显然有很大的作用。他们的日常作息更加有规律了，自控力和独立性增强，这让家长省了不少心。七岁属于比较安静的年龄段，因此我们可以看到，孩子宣泄紧张情绪的程度，和六岁的时候相比，也缓和了很多。在面对压力的时候，孩子们更喜欢精神排忧法，让自己的精神忙碌起来，也会通过把玩一些小东西来宣泄紧张情绪。

正面引导，合理"回馈"——
和七岁孩子相处的技巧

和孩子相处的最佳技巧，是遵照孩子本身的特点和天性来选择最有效的管教方式：预先限定、及时提醒、适时督促。但是，要想和七岁孩子相处得好，最有效的办法不再是那些"技巧"，而是父母跟孩子之间良好的互动与亲子关系。具有创意的"回馈"是最佳方法，引导孩子更正面地看待事情，培养正确的价值观。当然，要矫正孩子的不良行为，最有效而且也可能是最为容易的方式，是让孩子知道你期望他怎么做，并且正面强化其良好行为，也就是所谓的"行为矫正法"。

- ⊙ 帮助孩子养成正确的价值观
- ⊙ 语气坚定，不容置疑
- ⊙ 亲子交流最重要的前提是保证孩子听到了你的话
- ⊙ 方法要有创新性和灵活性
- ⊙ 行为矫正法
- ⊙ 利用孩子积极表现的心态

5 Chapter

爱动脑，爱思考，兴趣广泛，认知提高——
七岁孩子的兴趣和能力

总体上讲，七岁孩子的认知和体能都有了很大程度的提高。他们兴趣广泛，善于有计划地做自己要做的事情。做事比较专注、精神集中，往往十分沉迷于他感兴趣的事情。玩耍中比较复杂的智力游戏与协同游戏增多。自主阅读水平增强，阅读范围扩大，比较钟爱桥梁书；漫画书和谜语书备受欢迎。但是，这个时期孩子的创造力个体差异较大，而且七岁不是创造力格外突出的年龄段。

1. 玩耍的兴趣　　　　　　　　　090

- ⊙ 沉迷于自己感兴趣的事情

- ⊙ 眼睛更容易聚焦，双眼配合能力增强，但是视点移动尚不流畅
- ⊙ 牙齿发育

思维进入具体运行阶段——

七岁孩子的心智成熟

6
Chapter

依据格塞尔博士的观点：行动本身体现心智，即心智由一个人所做的几乎所有的事情表现出来。所以我们可以通过分析七岁孩子的具体行为表现，来感知这个年龄段孩子的整体认知水平。七岁的孩子在时空感知和语言、运算等方面有了更进一步的发展，思维也进入了皮亚杰所谓的"具体运行阶段"。家长们应该遵循孩子的行为年龄特点，给他们提供一个既能够激发潜质又轻松愉快的环境，让孩子在放松的状态下健康发展。

师生感情关系着孩子对学习、学校的兴趣——
七岁孩子的学校生活

学校和家庭，现在成了两个相互独立的半球。由于这个年龄段的孩子个个都是"小担心"，所以秋天开学的时候有可能会因担心二年级的功课"太难了"而不愿意回去上学。孩子在学校里是否能学得好，这很大程度有赖于孩子跟老师的关系。这个年龄的孩子，往往是一个认真而用心的学生，但是他常常给自己提出太多的要求，追求完美主义，所以有时候会把自己累倒。作为老师，要充分了解这个年龄段学生的典型行为和特点，才能够在课堂上更恰当地把握尺度。另外，家长也要观察孩子对学校的各种反应，判断孩子的成熟度，以便为孩子选择更适合的年级。

1. 七岁孩子在学校的表现　　　　　144

- ⊙ 写课堂作业的整体特征
- ⊙ 教师需要灵活掌握授课时间及内容
- ⊙ 把玩小东西
- ⊙ 做课堂作业时的个体差异

家庭聚会，选择
"短平快"的游戏——
七岁孩子的生日派对

一个典型的七岁孩子，在令他比较愉快的场合之下，常常是一个处事很得体的小家伙。他们很喜欢参与到群体玩耍之中，而且能够一定程度地遵守规则，有较好的自我控制能力，这些都是一个七岁孩子生日派对的有利因素。当然在具体的操作过程中，还需要针对孩子的年龄特征，做一些特别的准备。最好安排一系列"短平快"的简单游戏，让孩子来不及"陷在里面"，这样才能够保证生日派对的顺利进行。同时家长也要注意，不要过于强调孩子在派对上遵守规矩。另外，家庭是开生日派对的最佳环境，孩子更容易表达出他们天然的热情。

- ⊙ 喜欢群体活动，能有效自我控制
- ⊙ 能够一定程度地遵守规则
- ⊙ 性别选择
- ⊙ 家庭聚会更适合孩子

爱他如他所是——

七岁孩子的个体差异

> 任何一个孩子，如果我们想要真正了解他，就必须尽可能多地知道有关他的三个方面：他目前在什么年龄段、受环境影响的程度如何，以及他有些什么样的性格特点。其中，孩子本身的性格特点说明了每一个孩子在走过这一个个相类似的行为阶段的时候，都肯定有他自己独特的路径。很显然，孩子心中的自我意识需要很长的一个构建过程，家长要尽量尊重孩子的个体差异，因材施教。

10
Chapter

你是否也遇到过这些麻烦？——
源自家长们的真实故事

> 不同的孩子在成长的过程中会表现出一定的规律和特点，很多孩子在同一件事上出现了同样让父母棘手的问题。为了帮助父母解决这些问题，我们特意挑选了一些有代表性的家长来信进行分析，相信对读者会有所帮助。

给父母一张关于孩子的成长地图

我们在这里讲述的是孩子在相应年龄段所应有的行为或者行为规范。这些东西能让不少家长看过之后感到心里踏实，因为做父母的总是愿意了解自己的孩子会有哪些行为。当然，我们这些描述也有可能反而使一些家长更加焦虑，甚至愤慨。好在绝大多数父母都会因为预先知道了孩子可能会出现的一些行为，而多多少少放松下来。而这正是我们愿意看到的事情。

尤其让许多父母感到安慰的地方是，他们现在终于明白，孩子在某些阶段出现的一些"糟糕"行为，其实是一种"正常"行为。因为，别人的孩子也都这样。

我们这一群人在阿诺·格塞尔博士的亲自带领下，跟踪了孩子四十多年，详细研究儿童行为的发展与变迁。我们的研究始于当年格塞尔博士指导下的耶鲁大学科研诊所，也就是现在著名的格塞尔人类发展研究所的前身。

这些针对数千名儿童（一点不夸张）的不断学习和研究，使得我们坚信，人类行为的成长模式十分有规律。我们可以相当准确地预料出孩子在某种行为阶段之后将会出现什么行为阶段。这里的行为，指的是能够表现出孩子的运动能力、语言能力、适应能力，以及与人相处的能力等各方面的行为。

我们的确能够很有自信地告诉你，**通常来说**，一个男孩子或者女孩子会在某个年龄出现某种行为特征。

但是，毫无疑问，没有哪个孩子可能是一个"通常来说"的孩子。正如我们在这本书里的第八章将要详细阐述的那样，**每一个孩子都是独一无二的个体，都可能从各个不同的方面有别于任何其他孩子，甚至包括和他或者她同胎而生的兄弟姐妹。**

因此，当我们告诉你，四岁孩子是张狂而可爱的，五岁孩子是沉静而安详的，六岁孩子又是怎样怎样的时候，请你记住一点，这并不意味着所有孩子都会在某个特定年龄段表现出某种特定行为来，而且都肯定或者应该跟我们的描述完全一模一样。

同样是发育十分正常的男孩和女孩，他们的行为成长既可能比我们描述的进程时间表更快，也有可能比我们的进程时间表更慢，当然也很有可能不偏不倚，与其同步前行。不论孩子的成长是更快还是更慢，这都不值得家长因此而忧心忡忡。

不仅仅是每个孩子的成长进程快慢有所不同，而且其行为的和顺与不和顺的程度也相当不同。有些孩子不论在哪个年龄段都十分招人喜爱，很善于调整自己，让别人觉得十分易于相处；另有些孩子则相反，不论家长多么懂得孩子、多么精心照料，他都有可能在整个童年阶段十分难以相处，甚至有可能在任何年龄段都十分不易相处。

有些孩子各方面的成长明显十分均衡，齐头并进。他们在各个不同方面的发育进程要么都提前，要么都延迟，要么都恰好跟我们的描述同步，包括他们的语言能力、运动能力、适应能力，以及所谓的为人处事的能力。可还有些孩子却并不均衡，比如有可能他的语言表达能力进步神速，而运动方面的能力却远远落后；或者很可能完全倒过来。

在这本书后面的章节里，我们将会详细阐述孩子与孩子之间的个体差异。但这却绝不是为了要让我们的读者因此而更加惴惴不安；相反，我们在这本书的一开始就再三强调，**我们对孩子各种行为的预期只不过是常规描述**，是对众多孩子自然展现出来的各种行为的一个概述而已。

我们不妨打个比喻，把这本书里以及其他类似书籍的描述都比喻成一份地图，而且是你想要前去旅游的那个国家的地图。我们**能够**告诉你的是那个国家总体来说是个什么样子；但是我们却**不能够**告诉你，你的旅程将会是什么样子。你可能比其他游客走得更从容些，或者更匆忙些；也可能比别人看得更细致些、更周详些，甚至有可能会回过头去再看看。你的这份地图既不能告诉你将会遇到什么，也不能告诉你应该做些什么。它能够告诉你的只不过是这块地界的大致模样。

人们大多愿意借助于地图的帮助。许许多多的父母也愿意借助于我们所做的这份孩子行为描述图的帮助。因此，如果你愿意，请使用我们的行为描述图吧，我们很希望你能因此有了一个很实用的向导，就像许许多多的家长一样。只是，请你不要因为我们的常规描述跟你的孩子不太一样，就去指责自己的孩子不好，或者指责我们的描述不对。每一个孩子都是一个美好的、与众不同的独立个体，我们仅仅希望这本书能够帮助你在孩子成长的各个阶段更加懂得欣赏他。

众里寻他千百度

每一个做了父母的人，都希望自己能够做一个对孩子成长负责任的好爸爸或好妈妈，我也不例外。当儿子的生命还蠕动于我的体内时，幸福的同时伴随着我的决心——一定要做一个好妈妈！

孩子出生了，他躺在我的怀里，吸吮着我体内流淌的乳汁，明亮清澈的大眼睛和我对视着，充满了对我的信任和爱，而此时，我却感到了一阵恐慌——我该如何去爱上天赐予我的这个宝贝？我懂得要给他吃母乳、要保护他的安全、要尽我所能地给予他最好的教育……但是，我不懂得在他每一个成长阶段，会出现怎样的心理发展过程，这些心理发展会让他呈现出怎样的行为，我又该如何去帮助他完成这些发展过程。比如，他现在才三个月大，他的精神需要是什么？我是否应该让他吃手指？在他六个月大的时候，他会出现怎样的行为？他四岁的时候如果与小朋友打架，我该怎么来处理……我感觉到做一个好妈妈有些力不从心！

随着孩子一天天长大，他真的开始吃手指头了；他去幼儿园的第一周就和小朋友打架了，脸上还被抓出了血痕；他开始追着我和先生的屁股不停地问问题，这个世界有太多他不明白的东西；他拿起剪刀把自己的头发剪成了朋克状；他在幼儿园为了不把大便解在裤子里而憋上一天，我们不明白他为何不去洗手间；他开始说"屁股""臭大便"，反复地说，我们越是阻止他说得越开心；他开始邀请幼儿园的小朋友到家里来做客，而且没有经过我们的同意就带小朋友回家了；他开始对文字感兴趣，家里的任何一本书以及大街小巷的每一个门牌和挂着的标语，他都要求我们认真地读给他听……

因为不懂得孩子，所以我们会犯下很多的错误。比如，当他的脸被小朋友抓出小小的血痕时，我告诉他："如果谁再靠近你，你就还击他！"当天，老师给我们的反馈是：

"你的孩子怎么了，小朋友才靠近他，他就出手抓人家的脸，他以前不这样啊！"我立即意识到自己的教育是有问题的，但问题在哪里，我却不知道。

当我发现自己存在问题后，我开始学习教育孩子的方法，于是到书店里去买书看。然而，十七年前的书店里，教育孩子的书种类非常稀少，唐诗和宋词外加名人教子语录，这些书籍无法帮助我理解孩子的成长规律，也无法让我学习到正确的应对方式，于是，我仍然在黑暗中摸索着孩子的成长规律。

在孩子十五岁的时候，我才接触到了教育的核心，才开始明白教育的本质是帮助孩子完成每个年龄阶段生命发展的任务，可是，我的孩子已经十五岁了！他成长中最重要的时期被我错过了，那种因为错过而心痛的感觉让我在许多夜晚不能成眠，我们和孩子都无法重新来过，我们再也回不到从前了！现在，孩子已经二十岁，即将离开我们远赴英国上大学。好在从我明白错过的那一刻起，我没有再错过孩子的成长。这五年是我弥补自己缺失的五年，感谢上天给了我这五年的时间！

有了陪伴孩子成长的经历，有了我对教育的研究和感悟，我觉得自己有责任为年轻的父母们做点什么，让他们不再重蹈我们的错过。这些年来，我不断地接触、体验和思考新兴的教育理念和方法，寻找能够给父母们带来更好帮助的书籍。但是，一直没有这样的书入我的眼，直到玉冰把这个宝贝带到我的面前，这套书让我眼前一亮——这不正是我多年来苦苦寻找而不得的宝贝吗？！

这是一套研究 1~14 岁孩子发展规律的书，一群严谨的学者用了四十年的时间来研究每一个年龄阶段孩子的发展规律，并给父母提出了具体的建议和应对方法。虽然我国也有很多研究教育的机构，但是，我们缺乏对各个年龄阶段孩子科学严谨并能够持续四十年之久的研究。这套书能够弥补我们的缺陷，给我们的研究和父母养育孩子提供非常大的帮助。

虽然东西方存在着文化上的差异，但是，在人类这个物种成长和发展的规律上，存在的差异不会太大。比如，无论是西方还是东方，孩子们都需要在妈妈肚子里怀胎十月才出生，一出生就能够吸吮，出牙的年龄都在 4~6 个月，都会在一岁左右走路，都能够解读成人的表情，都会在同一个年龄阶段出现相应的敏感期……无论是东方还是西方的父母，都希望在了解孩子发展规律的基础上来帮助孩子成长，都希望孩子具备善良、有责任感和自律等优秀的人格品质，都需要具备帮助孩子建构健康人格的能力，由此，我相信这套书能够帮助到中国的父母们。

假如，在我的孩子刚出生时，我就能够看到这套书，我就有信心做一个好妈妈。因为，我会了解孩子在当下的生命发展过程中会出现怎样的行为，我该给予孩子怎样的帮助，才能让他顺利地完成这个阶段的发展任务；同时，我还会预见孩子在未来每一个年龄阶段生命发展的方向，我会提前做好相应的心理和物质准备。虽然，对于我来说这一切都只能成为一个"假如"，但对于孩子在成长阶段的读者来说，这是真实可行的！

胡萍

2012 年 4 月 26 日于深圳

编者注：胡萍，中国儿童性教育的先驱。2001 年开始研究儿童性健康教育和儿童性心理发展。2004 年开始在全国 50 多个城市开展性健康教育父母课程，并多次与中央电视台、新浪网等合作录制儿童性健康教育节目，其代表作有《善解童贞》《成长与性》《儿童性教育教师用书》等。

在这里寻找答案

"教育是一门科学，不能仅凭经验。"这是我回国后一直倡导的教育价值观。

2002 年我从德国慕尼黑大学毕业后回到国内开始从事教育工作，将近十年的工作中让我感到困扰最多的就是父母宁愿相信经验，而不求证于科学；父母宁愿把自己的孩子和周围的孩子相比，也没有办法用科学的方式评价自己孩子成长得是否合适。

印象最深的是每次都有父母非常焦虑孩子的正常现象。比如说"多动"。在他们的眼中，如果一个四五岁的孩子无法专心做事 30 分钟就是多动症，就需要看病吃药，就会导致学业问题。每次当我耐心地向他们解答每个年龄段不同的正常现象，持续多长时间就是在正常范围之内才能减轻他们的担心。比如父母们不明白为什么三四岁的孩子喜欢拿着东西就往地上扔，喜欢强调"我"。

只有当父母知道什么是"正常"，才能真正理解孩子的行为，也才能给予正确的引导。

所以，我特别希望有一套介绍个体发展基本规律的书籍帮助父母认识到个体发展规律，帮助他们能够判断孩子行为的"正常"和理解孩子行为背后的原因。

相比较个人发展和心理认知的专业书籍的晦涩，《你的N岁孩子》系列更加生动，语言容易理解。在这本书中，读者会看到的是一群同年龄的孩子，他们的生活跃然纸上，在这里，你一定会找到自己家里的那个宝贝，也能更加走进他们的内心。

兰海

编者注：兰海，上濒教育机构创始人，毕业于德国慕尼黑大学教育心理学专业。研究方向：创造力发展、青少年成长、教育规划、亲子关系。兰海先后在慕尼黑大学获得心理学、教育学和社会学三个学位，在九年的教育实践工作中，对国际、国内的教育状况有异常深入的了解和研究。目前，兰海是中央电视台少儿频道《成长在线》栏目特邀专家；《父母世界》杂志特邀专家。著有《嘿，我知道你》《孩子需要什么》。2009年，中国教育报专题人物报道：《教育是科学，不能仅凭经验》；2011年4月，CCTV10《人物》栏目专访：《带孩子寻找快乐的老师——兰海》。

在帮助孩子的同时懂得孩子

我要郑重地向所有的家长们推荐这本书，因为这是迄今为止我看到的对家长育儿最有帮助的书；我也要郑重地向老师们推荐这本书，因为有了这本书，忙碌的老师们就再也不用为发展心理学中那些生涩的字词而头痛了。妈妈和老师不想成为理论研究者，他们只想在帮助孩子的同时懂得孩子。他们只想知道一个两岁的孩子眼皮都不抬地乱扔东西是否正常；他们只想知道当孩子乱扔东西时，他们该怎样帮助孩子。

当有一本书说"孩子的感知运动时期的第八循环第一阶段，其生物功能如何被环境改变，这一改变来自怎样的图示过程"时，家长和老师们真的就被吓住了，他们会带着可怜的、自信心受到打击的神情对你说："我学不会，我看不懂，我做不到。"

假设你是那个作者，当一个老师或一个家长这样对你说时，你会绝望吗？你会觉得他们不适合做父母和老师吗？这时，请你看看这本书，看看它是用怎样的关怀向想要了解孩子的人讲述孩子，又是用怎样朴实贴切的招数在帮助它的读者。看了这本书，你会知道，这本书是有鲜活灵魂的，当你面对它时，你会自然轻松地用心灵与它沟通。

我要说，朋友们，请打开这本书吧，不管你是妈妈还是爸爸，不管你是老师还是教育家，请打开这本书吧！

李跃儿

编者注：李跃儿，中国著名儿童教育专家，中国芭学园创始人，曾为《父母》杂志教育答疑专家、央视少儿频道签约专家。畅销书《谁拿走了孩子的幸福》系列的作者。2004年荣获第三届中国国际家庭教育论坛"华表奖"和"形象大使"称号。2006年荣获"2006年中国幼儿教育百优十杰"（第一名）称号。2009年荣获"2009中国民办幼儿教育十大杰出人物"称号。2012年荣获"教育木兰奖"。

译者序

因为懂得，所以从容

新翻译出版的《你的 4 岁孩子》问世之后，我立即请人带了几本来洛杉矶，回到当初孩子的亲子班，把书捐献给他们。洛杉矶是一个"小联合国"，亲子班里自有不少中国来的父母，当然需要中文版的翻译。那天我去的时候，意外遇到几个老师在一起商量事情，我居然一下子见到了四位三四年不见的老师。她们全都记得我，记得我的两个孩子，让我觉得十分温暖。她们看到我拿出了中文版的新书，听我讲述了如何几经曲折终于实现了由我亲手把这套书奉献给中国父母的愿望之后，纷纷肯定地对我说："谢谢你做了一件大好事！毫无疑问这是最好的一套育儿经典，是最具有指导意义、最能真正帮助父母和老师彻底地了解孩子的好书，也是最值得翻译的一套书。你能把这套书推荐到中国去，还给我们带来了中文版的书，我们由衷地感谢你！"

得到了这些一心扑在孩子身上的老师们的充分肯定和嘉许，我心里更充满了动力，一定要对得起这套美国最有价值的育儿宝典，以最好的质量把全套书翻译出来。

七岁的孩子，忧郁的孩子，晦暗的孩子。尤其我两个孩子中的一个性格天生偏于"月亮的背阴面"（借用作者的形容词），不论是孩子还是我，日子就显得黯淡了。他总觉得别人不待见他，尤其是妈妈更是不待见他。这世界对他来说是如此的灰暗，人情是如此的淡薄……尽管实际上太阳依然天天升起，妈妈依然天天爱他，大家也都依然是平常的大家。

有时候我也会忍不住满腔怨气：动不动就淌眼泪、生大气，好像我是个多么可恶的巫婆！可是，这样的怨气总能很快散掉，因为我心里很明白，这个年龄段的孩子，就是这样，他并不是故意要把别人的善意都当成恶意，只不过因为他小小的心灵发育到这个特殊阶段的时候，就是这么去解读他人的。

我之所以能这么有"透视性"，其实，并非因为我天生颖悟，我只是仔细读过了这本《你的7岁孩子》而已。我还知道平日里的野小子到了七岁的时候喜欢"宅"在家里面（因此我不会因为小淘气忽然不愿意出去淘气了而撵他出门）；知道他喜欢猫在屋里一口气看两三小时的书很正常；知道他喜欢独自一人沉浸在自己的遐想中很正常；知道他上课时慢慢腾腾地总也完不成课堂作业很正常；我还知道等过一段日子孩子进入八岁心理期的时候，他一定会比现在阳光许多……

你也一样，仔细读过这本书以后，你会更明白你的七岁孩子。你的担忧、迷惑、焦虑都会放下许多，你也会更懂得如何恰当地体贴孩子，让孩子的晦涩日子多一些温暖和阳光。

我第一次接触到这一套书的时候，我的两个淘气的小男孩还只有两三岁。那时候我一边四处搜寻怎样养育孩子的书，一边和孩子一起参加美国老师主办的亲子班。老师的素质非常好，专修过三门儿童心理方面的不同学位，常常给我们讲述一些不同年龄的孩子会有些什么样的"坏"行为、孩子为什么会有这样的行为，以及妈妈这时应该怎么办。这些知识让我十分惊奇，替我打开了一扇全新的了解孩子心理和行为背景的窗户，更何况，老师传授的"技巧"的确管用！我越来越喜欢向老师请教。有一天，老师把我带到亲子班的一个书架前，拿出一本书来介绍给我：你读读这本书吧，会很有帮助。我接过书一看，立刻注意到这本书里的内容和老师授课的内容十分相近！我蹲下身子来，往书架里仔细一看，嚯！ 四岁、五岁、六岁、七岁……每一岁都有一本！

我立即拿了两本回家读。从此，我爱上了这一套书!

这套书和其他育儿书最大的不同，在于成书的背景。很多育儿书，包括现在最走红的海蒂·墨卡夫的书，大多都是根据妈妈自己的体验和感悟而写成的书，也有些是儿童教育专家根据自己的知识和经验写成的好书。但是，这一套《你的 N 岁孩子》系列，却是由美国著名的"格塞尔人类发展研究所"的一群儿童研究专家，从 20 世纪 50 年代初到 80 年代末，经过四十多年严谨而系统的跟踪调查，针对数千名孩子在不同年龄段所做的详细观察和了解，而总结出来的系统研究成果！不但很有深度，而且很有广度。这是任何一位妈妈或者儿童心理学家都不可能企及的，因为这些成果由充足的数据、翔实的研究、精密的分析、高度的概括支撑。

正因为这套书的成书背景如此特别，使得它不仅仅是一套很实用的育儿宝典，而且是一套很科学的儿童行为认知学的科普读物。研读这套书，不但能让你预先了解你的孩子在不同的年龄可能出现哪些让你十分向往的，以及让你十分头疼的行为表现，从而让你有了合理的心理预期和准备，面对困境时能够更加从容而不至于惊慌失措烦恼不堪；而且，这套书还能让你明白孩子的许多"坏"行为不但是短暂的阶段性的行为，其实也是合理的孩子气的正常行为，从而能让你放下许多不必要的焦虑不安和心理包袱。故此，不但你的日子能过得更舒坦，孩子也能活得更率真、更健康。

随着我的两个小儿子逐渐长大，我慢慢了解到，这套育儿宝典，不但是美国亲子班、幼儿园老师们的养育依据，而且还是美国小学老师了解和对待不同年级孩子的心理、行为的依据。每年开学，孩子升到不同的年级，我都能收到学校发给家长的一份文件，告诉我们孩子在今年会有哪些特点，父母应该特别注意哪些事项。我也通过频繁在学校做义工的机会，深刻体会到学校老师对待不同年级的孩子真是不一样，不但对孩子的约束要求不一样，而且约束孩子的方式也不一样，十分合理化、人性化。从这个角度来说，这套书不但适合父母朋友们学习和阅读，而且也适合幼儿园老师、小学老师，甚至中学老师们学习和阅读。

别看这套书是三十多年前的"老古董"（这本《你的7岁孩子》英文原著出版于1985年），它之所以到了今天都仍然被美国学校奉为宝典，正是因为这套书的主题是孩子的发育与成长的客观规律，而客观规律是不会"过时"的。当然，有些外在的环境影响是有了一些改变，比方说那时候还没有"iPad"，现在估计很多孩子都陷于这种现代电子游戏中而给家长带来新的烦恼。不过，只要我们能够智慧而灵活地运用这套书中的基本观念，我们就可以自己动脑筋想出办法来，让我们和孩子走出困境。

这些年来，随着孩子的渐渐长大，我总会不断遇到新的问题、新的苦恼，也总是能够不断地从这一套书中获取知识、汲取力量，调整我的心态，调整我看待孩子"坏"行为的视角，也调整我和孩子相处的进退尺度和协调方法。这套书已经很多次成功地帮助了我走出亲子关系低迷的僵局，走出了心中的困惑、焦虑、烦躁、失落。我的两个孩子，无论在家庭的小环境里，还是在幼儿园和学校的大环境里，都沐浴在这套书的福泽之中，健康、活泼、快乐、聪明地成长着。

正是因为如此，我对这套书情有独钟。一年多前，我下定决心，一定要想办法把这套宝贵的好书介绍到中国来，造福中国的孩子和父母。几经曲折几番努力，终于得到了北京紫图图书有限公司对我的信任和支持，我总算是如愿以偿，能够亲手把这一套书翻译给我祖国的家长和老师朋友们。

我替你的孩子感谢你，因为，你愿意研读这套书，愿意接纳这套书将带给你的新知识、新观念、新视角。在此，我真诚地祝福你，祝福你的孩子，祝福你全家。你们一定会从此更加相亲相爱，更加幸福和美。

玉冰

美国洛杉矶

2012 年 8 月 5 日

编者注：玉冰，美籍华人，畅销书《正面管教》的译者。她十分重视儿童教育发展，也十分重视亲子关系对孩子成长的巨大影响。此外，她还译有《与神对话——献给青少年》等作品。

七岁孩子能力发展及教养简表

	七岁
整体特质	内敛、沉静、敏感、退缩
动作、语言等能力	◇ 语言表达精准流畅，但更愿沉浸在自己的世界中 ◇ 身体的协调能力增强 ◇ 动作准确、简洁、直接并且控制力增强 ◇ 眼睛更容易聚焦，双眼配合能力增强，但是视点移动尚不流畅 ◇ 牙齿发育
心智能力	◇ 对时间段的感悟力增强 ◇ 对熟悉的空间有不错的方向感，而且对宇宙空间显露出特别的兴趣 ◇ 阅读水平大增，自主阅读能力提高 ◇ 思维进入具体运行阶段 ◇ 具备一定的道德标准 ◇ 创造力被沉静的性格覆盖
人际关系	◇ 渴望被认同，开始有意愿考虑他人的感受 ◇ 母子关系是熨帖的、带有同情心的，同时相对放松 ◇ 对父爱的渴望增加，享受与父亲在一起的时光 ◇ 热爱自己的家并引以为豪，极力守护自己在家庭中的地位 ◇ 重视朋友关系，有能力处理朋友间的摩擦 ◇ 与老师的关系带有相当的个人感情色彩

	七岁
睡眠习惯	◇ 能独立完成睡前准备工作，但仍希望父母为其讲睡前故事 ◇ 孩子的入睡速度因人而异 ◇ 做梦尤其是做噩梦的比例降低 ◇ 有些孩子习惯早起
读写等习惯	◇ 书写相对规范　　◇ 阅读水平增强，喜欢自主阅读 ◇ 喜欢猜谜语的书　◇ 钟爱桥梁书 ◇ 喜欢漫画书　　　◇ 痴迷于卡通故事片
饮食习惯	◇ 整体表现良好　　◇ 进食过程中容易被分散注意力 ◇ 偏食现象改善　　◇ 餐具运用进步明显
排泄	◇ 完全能够自理　　◇ 很在乎自己的隐私
洗澡穿衣	◇ 享受洗澡 ◇ 独立穿衣，但效率不高，容易磨蹭 ◇ 着装不在意，不爱惜衣服 ◇ 需要提醒系鞋带
与孩子相处的技巧	◇ 最有效的办法是父母跟孩子之间良好的互动与亲子关系 ◇ 亲子交流最重要的前提是保证孩子听到了你的话 ◇ 最佳"引导"方法是具有创意的"回馈" ◇ 引导孩子更正面地看待事情，培养正确的价值观 ◇ 把握孩子的年龄特点，"对症下药" ◇ 方法要有创新性和灵活性 ◇ 针对孩子的不良行为，可采用"行为矫正法"

沉静、内敛、退缩——
七岁孩子的年龄特征

七岁是一个退缩的、内敛的、沉静的年龄段。对任何事情都过度敏感，个个都是"小担心"，很少有人能让七岁的孩子觉得这人对他好。但是，七岁的孩子也往往是个好学生，而且追求完美主义，变得越来越讲道理，越来越愿意站在别人的角度来看待事情了。同时，他实际上已经表现出了一种细微的、全新的、正在成长的独立感，喜欢有自己的空间，好思索。所以，此时家长们要尊重孩子越来越多的自我控制，并且要理解孩子、呵护孩子，不要让他对自己要求太高了。

本阶段孩子的主要表现

　　七岁的孩子是一个很特别的孩子，七岁的年龄是一个很独特的年龄。七岁，十分特立独行地站在了活泼好动的六岁与开朗外向的八岁之间。

　　不论是谁，都会有生机勃勃、幸福快乐、安详坦然的时光，七岁的孩子也不例外。但是，总的来说，七岁是一个退缩的、内敛的、沉静的年龄段。这一阶段刚开始的时候，不论是父母还是老师，都会觉得松了一口气。在经历了六岁的纠葛与冲突之后，孩子终于能够沉静下来，这正是大家求之不得的事情。

可是，一旦七岁的孩子开始走向退缩，他往往会无休无止地一退再退，仿佛要躲藏到空山幽谷之中再也看不到任何旁人，他才会觉得稳妥和放心。这和六岁完全相反。六岁孩子有可能愿意跟任何一个人说话，跟任何一个人分享他的想法、他的热情。可是，七岁孩子却变得十分少言寡语，不太愿意和别人打交道。

1. 七岁孩子的感情特征：
对任何事情都过度敏感，
个个都是"小担心"

❖ 缺乏认同感

很少有人能让七岁的孩子觉得这人对他好，因为在他心目中，每一个人都怀有恶意、带有敌意、心存不善，每个人都处处对他吹毛求疵。他尤其相信他的老师专门跟他鸡蛋里面挑骨头，所以，他常常会回家跟爸爸妈妈讲，老师如何虐待他、如何对他不公平。作为孩子的父母，你最好不要相信他的这种故事。

七岁孩子总以为别人不喜欢他，也总是担心别人会不喜欢他："那些家伙肯定要取笑我。"他每每会闷闷不乐、郁郁寡欢，易于伤感。而最突出的特点是，这个年龄的孩子，不论是男孩还是女孩，个个都是"小担心"：什么都值得他们担心。甚至，他担心原子弹、战争、龙卷风，以及家里会不会没有足够的钱用了。

❖ 满心担忧，满心惧怕

七岁的小同学会担心等到上二年级的时候，功课会不会太难了、对他的要求会不会太高了。七岁的小姑娘会担心老师不再喜欢她了、别人也都不再喜欢她了。除此以外，她还担心自己的身体，任何一点点小病小痛，她都会以为是不是自己得了什么大病。而七岁的小小伙哪怕多打了几个嗝，也会有可能觉得这是他快要死了的征兆，他同样也担心跟他亲近的人会不会死掉。

真的，七岁孩子满心担忧，也满心惧怕。这个时候能让他感到害怕的事情，恐怕是他前前后后的这几年中最多的了。他甚至害怕一些根本就不曾发生过的事情，比方说，害怕自己上学会迟到。比这要现实一些的惧怕也有，比如说，怕黑。地下室里的静寂，会被他诠释为不祥的静寂；挂在椅子上的一件衣服，也有可能会被他当作是一个贼、一个鬼、一个密探什么的。（译者注：美国人的住宅多为独立房屋，而且多有地下室。）

不过，另一方面，七岁孩子却又变得不再害怕以前害怕过的事情了，例如去看牙医、去游泳。不少七岁的小朋友这时已经有能力应付一些让人提心吊胆的场景，例如，一个七岁小姑娘暑假的时候自己搭飞机去了一个地方。我们问她害不害怕，她这么回答："害怕，可是，你要是想去奶奶家玩，你就必须做些让人害怕的事情。"另一个七岁小男孩，知道用他的手电筒赶走衣橱里面让他害怕的影子，还知道用手电筒替在前面开路的妹妹照亮去地下室的楼梯，并且彬彬有礼地说："女士优先。"

❖ 易产生负面情绪

七岁的孩子不但有很多让他担心和害怕的事情，而且还有很多让他觉得自己"倒霉"的事情。有个小女生就曾经这么对我们说："我怎么总是这么倒霉？为什么倒霉的事情总是要落到我身上？我还不如死了好。"她在这里所说的如此

"倒霉"的事情，原来无非是到了她该上床睡觉的时候了。

还有，七岁孩子往往很强烈地认为爸爸妈妈更爱他的兄弟姐妹，而不怎么爱他；爸爸妈妈更多的是为兄弟姐妹做事情，独独不为他做什么。我们有一个故事十分典型：爸爸替五岁的弟弟把自行车修好了，七岁的哥哥忍不住去找妈妈发牢骚："他从来不修我的自行车，他从来不替我做什么事情。这个家里从来就没有谁帮我做过任何事情，从来没有谁在乎过我，我还不如死了算了。"妈妈让他去车库里看一看，也许爸爸把他的自行车也修好了。小哥哥坚持道："没有！他才不会帮我做任何事情，他从来没有帮过我。"而实际上，爸爸不但替弟弟修好了自行车，而且也已经把他的自行车修好了。

能体现七岁特征的典型表情，是孩子要么拧着眉头，要么嘴角朝下撇着。眼眶很容易就红了，不过他会努力忍着不让眼泪落下来，因为当众落泪在他看来是件很丢脸的事情。七岁孩子很容易陷入失落之中，真是"人生不如意十之八九"。如果玩得不开心了，他每每会独自向隅，喃喃自语道："我不玩了。"在家里，一个七岁的男孩子冲回自己的小屋把门摔上，是很常见的事情。他还有可能威胁你说要离家出走。这跟孩子四岁时候的"离家出走"很不一样。四岁的时候，孩子是因为对外在世界的那份热望与向往，想要往外跑；但是，现在已经七岁了的他，却只不过是想借此逃避苦恼而已，他以为这样就能逃离那些让他觉得难以忍受的事情。

❖ 沉静，爱思考

七岁的孩子变得更有耐心听讲，也往往是个好学生（当然，要在他能力范围之内）。他喜欢读书，也喜欢听你给他读书；他喜欢看电视、跟人商讨问题，也喜欢靠他自己把事情做完。一个有点难度、需要动脑筋的问题，在七岁孩子眼里可以是一项有意思的挑战，而不像他在六岁的时候那样往往有畏难情绪。

假如我们成年人愿意接纳孩子过于敏感的感受，宽容孩子常常出现的沉默、郁闷、易于伤感的情绪，并且充分享受孩子的这份安静与内敛所带给我们的愉悦，那么，七岁其实完全可以是一个安宁祥和的年龄段。

从某种程度上来说，七岁的孩子生活在思考的世界之中，左思右想。如同他的手总是要不停地东摸摸西碰碰，以便通过手来感知他遇到的一切东西一样，他的大脑也总在不断地整理、不断地思索。他吸收进去的东西远比他回馈出来的东西要多很多倍，而他的思维活动也远比他表面上显露出来的要繁密得多。他甚至可能会对着镜子自言自语。这个年龄的孩子，仿佛是在竭力通过对外在世界的观察，通过对他吸收了的东西反复思量，来界定他自己是谁。

2. 七岁孩子的性格特征：
趋于独立、完美主义、多愁善感

❖ 独立感增强，越来越通情达理

七岁孩子这时候实际上已经表现出了一种细微的、全新的、正在成长的独立感。比方说，遇到什么困难，以前他会更希望有人来帮他解决问题；而现在，他至少会愿意尝试由自己来克服困难。不过另一方面，在大多数情况下，不论男孩还是女孩，都不会显得特别具有冒险精神。他更愿意停留在自己熟悉的层面上，而不太会对新奇的东西跃跃欲试。

也许七岁孩子最让成年人感到能松一口气的地方，是他变得越来越讲道理，越来越愿意（当然，是在他心情比较好的时候）听听别人怎么说，然后站在别人的角度来看待事情了。因此，即使他现在偶尔输掉了某场竞赛也不会轻易大发脾气了。不过，七岁并不是一个富于幽默感的年龄，如果你想通过几句插科打诨来扭转局面的话，那么效果显然不如在孩子其他年龄段那么明显。

❖ 一旦开始做起来，往往很难放得下

七岁孩子在心智上的一个突出特点，是他往往倾向于陷在某件事情或某种情形之中拔不出来，不完成不罢休，或者不满意不罢休，除非有人出来制止。站在成年人的角度来看，常常会觉得孩子在一件事情上付出的时间太多了，做得太过头了。比方说，在家里的一面墙上没完没了地练球、一口气看好几个小时的书或者电视。不少家长对我们感慨说，幸亏一本书分成了好多个章节，也幸亏电视节目到时候就完了，否则的话，他们简直就没有办法能让孩子放下书，或者离开电视机。你要让七岁孩子开始做什么事，不算很容易；但是他一旦开始做起来，你想要让他停下来，只怕更不容易。

❖ 自我意识增强

七岁的小家伙现在已经更清晰地意识到了自己是一个人。他不算是一个只会想到自己的人，但他很喜欢沉浸在自我的小天地中。他首先是从各种所见所闻中汲取一些印象和感觉，然后在自己头脑里反复思量，以此构筑并强化着有关自我的意识。到了八岁的时候，这种意识便会脱颖而出。那时候，他就会凭借着他崭新的装备（自我意识），走出七岁的自我小天地，走到大千世界中去，看看他这个自我到底能做些什么。因此，现在七岁的他正忙于发现、改进、强化他的自我意识。这时，能够有机会独处，做他想做的事，这可是非常珍贵的时间。所以，七岁孩子喜欢能有他自己的房间，让他可以退缩在里面，守护他的内心世界。

有些七岁孩子的自我意识与他的身体已经有了较强的连接。他开始觉察到那是他自己的身体，从而不再愿意让别人看到，尤其是异性。假如学校里的厕所没有小隔门，他情愿不去上厕所。这时的他甚至也不愿别人碰到他的身体。

❖ 追求完美主义

　　七岁孩子的另一个典型特征，是对自己做事的高标准严要求。他会认真对自己的事情负责，什么都想要做到满意为止。不少妈妈反映她们的七岁小朋友太在乎完美，太惧怕失败。不论是男孩还是女孩，在这个年龄段都往往对自己要求过高，恨不能每张拿回家的卷子都是 100 分，任何一点小错误都让他觉得羞耻。也许正是这种希望自己能够完美的心态，使得七岁孩子在课桌上用橡皮擦用得太频繁，有些老师干脆把七岁龄叫作"橡皮擦年龄"。想要把什么事情都做得恰到好处，这实在不容易。六岁时孩子往往更善于开头，向一个个新的目标进军；而七岁的孩子却往往更善于把一件件的事情做完。

❖ 易退缩

　　另一个和过去不同的地方，是遇到矛盾冲突的时候，六岁的小家伙会寸步不让，直到战胜对方；而七岁的小少年却可能从矛盾中抽身而退，默默嘟囔一句"不公平"或者"赖皮"，独自离去。这也是七岁孩子的典型特征之一，他遇事往往倾向于退却。

❖ 渴望获得属于自己的空间

七岁的孩子想要一个属于他自己的位置或者空间。这既可能是具体的物理空间，比方说餐桌上、汽车上属于他的座位；也可能是他在家里、学校里用良好的行为表现所获得的地位。而兄弟姐妹们之间的纠葛，则使得他在家里更想有一块属于自己的小地方。

孩子在意他在家里、学校里的个人位置和空间，这其实跟他现在对空间的兴趣很有关系。七岁孩子喜欢确认某个东西的具体位置，尤其是他自己，他总想知道自己站在什么地方。而另一方面，七岁孩子对时间的兴趣，倒是有相当大的个体差异。不过，大多数的七岁孩子已经会认表了（他渴望能有自己的手表），甚至可能喜欢自己计划一整天的时间安排。他显然已经能清楚地意识到在一件事情接一件事情的过程中时间的流逝。

❖ 了解并尊重孩子的年龄特点，理解并呵护孩子的心灵

总而言之，七岁的年龄是一个比较沉静的、好思索的年龄。孩子这时候的沉静、退缩以及不那么暴烈的脾气，既有

好的一面也有不好的一面。我们首先要注意到并且能够去尊重孩子越来越多的自我控制，包括对他的身体、他的思想、他的脾气、他的声音、他的暴躁的控制；我们更要理解，孩子要控制这么些东西，需要花很大的精力，因此也就很容易疲累。所以我们需要呵护孩子，不要让他对自己的要求太高了。

还有，成年人和七岁孩子相处的时候要留心，七岁的典型性格使得我们对待孩子的时候应该比其他年龄段更谨慎，切不可以按孩子表面上显现出来的样子对待他。如果你能始终记得孩子沉静表面的下面是他微妙的、复杂的各种感受，那么你和他的相处就会更融洽一些。孩子在六岁的时候，他的矛盾与冲突主要是跟妈妈争执哪些事情要做哪些事情不要做；而现在，他的矛盾与冲突更多是他内心的自我冲突，他想要达到自己的高标准，想要有好的成就、好的表现和出色的能力。

虽然在父母看来，七岁孩子太不快乐了一些，太觉得生活中处处都不如意。但是，孩子会渐渐长大，能让他觉得快乐的日子也会随之慢慢多起来。他的疲惫感会逐渐减少，他的精力也会逐渐旺盛起来。做父母的要把握好自己和孩子相处的尺度，既要对孩子的抱怨表达适度的同情，又不必太把这些抱怨当回事。他的老师不见得就真像他说的那样不公平，他的朋友不见得真就有多么恶毒，他的兄弟姐妹也不见得真就对他多不怀好意、故意要弄他。

我们一定要记住，孩子的这些郁闷、烦恼、担忧，都是这个年龄段的正常现象，孩子也不是故意"偏要"这样做。该同情的地方要表达同情，同时你也要让自己沉得住气，别冲动。切不要以你的感情用事来对待孩子的感情用事。

有一个很出色而且也很典型的七岁小姑娘，写了这么一首相当有见地的小诗：

我的苦恼是我自己的苦恼，
却也更是我的俱乐部；
我若想躲起来就会躲进去，
哪怕妹妹走过来我也视而不见；
我沉浸到了自己的苦恼中去。

另一首同样出自一个七岁孩子之手但明显十分阳光的小诗，也表现出了典型的七岁特征：

在文明的殿堂里，
在神明的殿堂里，

在你自己的殿堂里，
那是你温暖的家。

我爱这文明的殿堂，
我爱这神明的殿堂，
我爱这自己的殿堂，
那是我温暖的家。

3. 给父母的提醒

正如我们在每一本关于不同年龄的孩子可能会有哪些不同特点的书中所说的一样：**不论任何人（包括我们在内）告诉你说，你的孩子将可能有些什么样的行为，你都不必太过当真。**

❖ 孩子的成长，会在和顺阶段与不和顺阶段、内向阶段与外向阶段之间来回交替

所有普普通通的正常孩子，他们的成长都会沿着一定的行为模式不断变化。和顺的阶段之后往往跟着不和顺的阶段，而孩子在成长到一个更进一步的、更成熟的和顺阶段之前，往往会先经历一段不和顺的阶段。（见图一）

不和顺阶段	中轴	和顺阶段
		十岁
九岁		
		八岁
七岁		
		六岁半至七岁
五岁半至六岁		
		五岁
四岁半		
		四岁
三岁半		
		三岁
两岁半		
		两岁
一岁半		

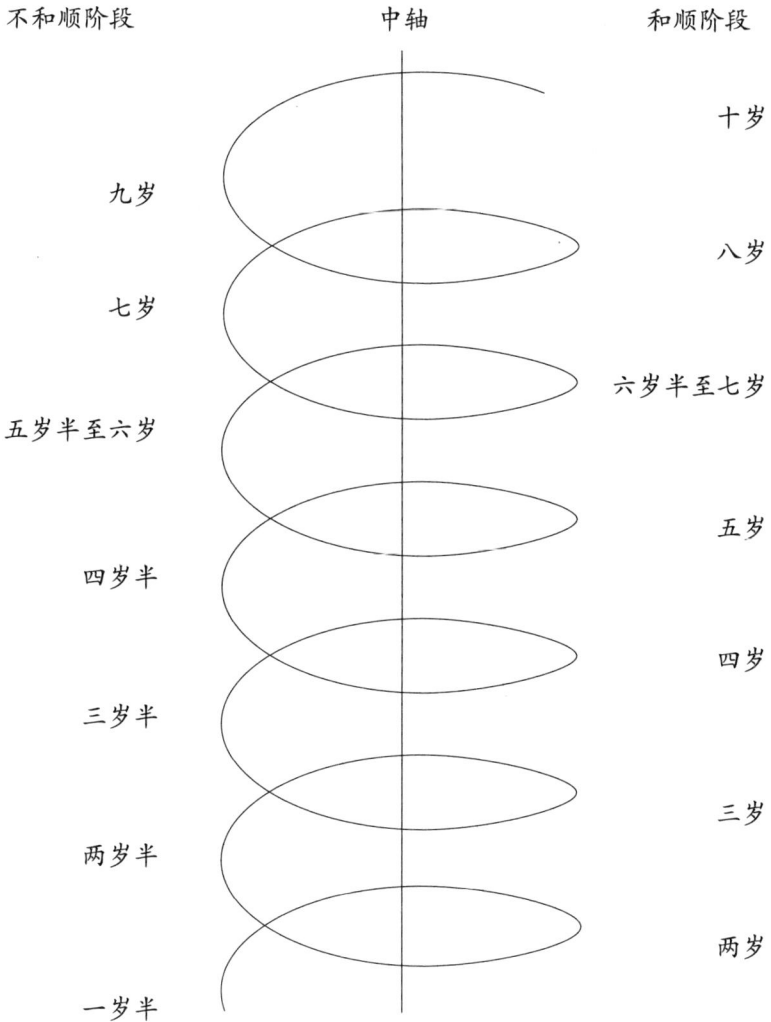

图一　和顺阶段与不和顺阶段变换趋势

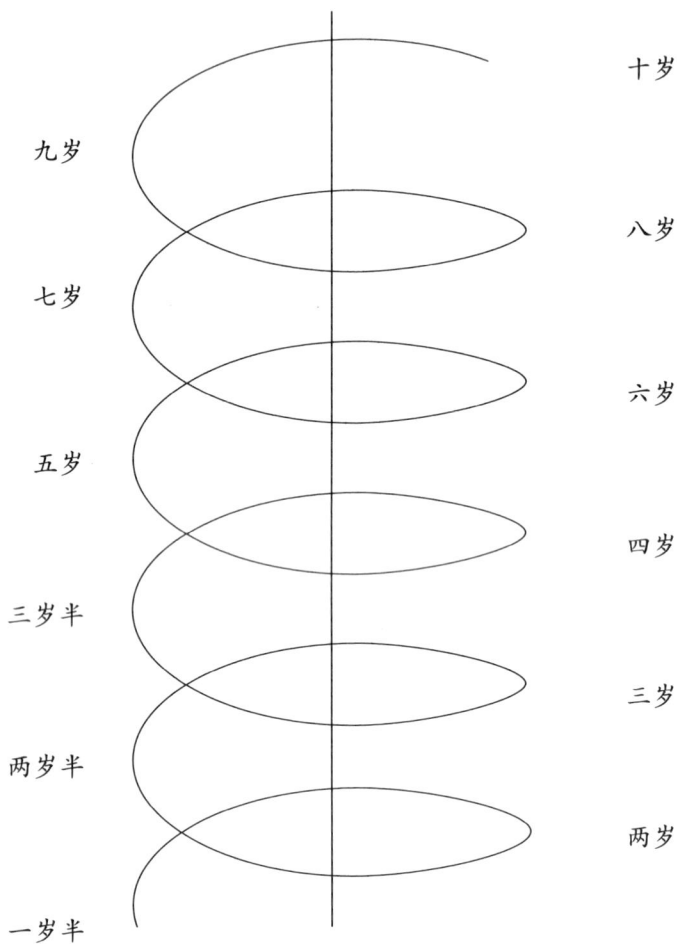

内向阶段　　　　　中轴　　　　　外向阶段

十岁

九岁

八岁

七岁

六岁

五岁

四岁

三岁半

三岁

两岁半

两岁

一岁半

图二　内向阶段与外向阶段变换趋势

同时，在一个行为趋于内向的阶段（或者年龄段）之后，取而代之的往往是一个趋于外向的阶段。（见图二）

一个孩子在成长的过程中，自然会反复经历大脑发育迅速与缓慢的不同阶段，这种不同阶段的变换，甚至有可能表现出一些征兆。大脑发育缓慢的阶段，往往相对应于孩子进入内向行为模式的阶段。而脑电波的低点轨迹，也有一定的可能和孩子能量成长的低谷相吻合，也就是和孩子的内向阶段相吻合。

简而言之，孩子走向成熟的历程，会在和顺阶段与不和顺阶段之间来回交替，在内向阶段与外向阶段之间来回交替，这是完全可以肯定的事实。只是，我们没法保证每一个孩子具体会在哪一个时刻进入哪一个阶段。我们也同样没法保证每一个孩子具体会偏于内向或外向。比如说，有些孩子似乎永远都生活在不和顺阶段之中，哪怕是按常规应该处于平和的阶段或者年龄段，他也照样很跟自己过不去，跟周围的人都很难相处。而另一些孩子，哪怕来自于同一个家庭，却天生就似乎更多地生活在明朗与快乐之中。与此相类似，有些孩子似乎总是显得沉默、矜持、疏远，而另一些孩子则似乎总是显得开朗而且外向。

❖ 尊重孩子的个体差异，理解孩子的自我意识

毫无疑问，每一个孩子都有他自己的个性和他对自我的感知。这其中有很多因素，既包括他自己的性格特征，也包括每个人都怎么看待他、对待他，更包括他认为这个世界怎么看待他、对待他。但是，我们十分确信，七岁的孩子大多数都具有七岁年龄的典型性格特征。尽管我们没有把自我作为特别的主题独立出来，然而"自我"却就是这一章的主题：在当今社会、在当前的文化之下，七岁孩子的自我会是什么样子。

请注意，我们把七岁孩子的行为特征告诉你的目的，不是为了让你以此作为比较的依据并且为此感到焦虑；相反，我们告诉你通常来说这个年龄段的孩子会有些什么行为，是为了让你能够在合理范围内对孩子有合理的心理预期。在孩子相对突兀地从开朗外向生机勃勃忽然转向沉静和内敛的时候，我们希望你因为读过此书而能够不再感到愕然。每一个不同的年龄段都会有不同的行为特征。我们有不少家长证实，尤其是当孩子的行为跟他们的预期大相径庭的时候，对前面可能发生些什么事情知道得越多，越不容易陷入焦虑。

友善和谐，渴望别人的认同——
七岁孩子的人际交往

七岁孩子的性格总体特征是沉静、有自我控制的，所以在与人相处的时候，能够开始为他人着想，渴望得到朋友和老师的认同，整体关系比以往更加和谐融洽。与老师的关系带有较强的个人感情色彩；母子关系一如既往地友善，同时又不再紧密纠缠，亲子关系比较放松；不论男孩和女孩，对父爱的渴望增强，父亲的形象更加高大了；祖孙情深，兄弟姐妹关爱友善，只是常常和与自己年龄相近的兄弟姐妹因为争宠而闹矛盾。

1. 与母亲：亲子关系的主旋律是熨帖的，并且相对放松一些

七岁年龄段的母子关系，既不像六岁的时候那般矛盾与冲突不断，也不像八岁的时候那般紧密得让人有些透不过气来。六岁孩子以他自己的小宇宙为中心，一旦生活有什么不如意他会拿妈妈当撒气筒；八岁的孩子则对妈妈有太多的索求，令妈妈难以招架。

而七岁的时候，亲子之间要相对放松得多。大多数情况下孩子和妈妈相处都比较融洽，亲子之间的关系比六岁的时候要更为友善、更少争执。妈妈们提到自己的七岁孩子时往往会说："他现在乖多了。"这其中一部分的原因，可能在于妈妈开始对孩子放手，孩子也开始对妈妈放手了。这种双方

的相互放手令彼此都变得轻松了很多。妈妈的要求变得更少了，孩子的回应也变得更合理了。

❖ 不如意时渴望妈妈的同情

七岁的孩子需要妈妈倾听他的许多冤屈，需要妈妈同情他的苦恼，需要妈妈在他倒霉的时候予以鼓励与支持，更何况他偏会常常容易"碰"到很多的倒霉事。他需要妈妈安抚他心里的恐惧，舒缓他心里的焦虑，解决他许许多多的既可能是真的也可能是假想出来的困扰。当然，七岁孩子也需要跟妈妈争执几句："可是，妈妈，凭什么我必须要做呢？"

❖ 与妈妈关系友善，基本不会与之强烈对抗

孩子六岁的时候，如果亲子之间有了冲突，大多数情况下孩子会宁死不屈跟妈妈对抗；可是到了七岁，他却多半会抽身而退，小声嘟囔几句"欺负人""坏透了""不公平"。他顶多可能在离开之前来一句顶撞："我凭什么要听你的？"这差不多就是他对你抗拒的最顶点了。更多的情况下，你七岁的小姑娘或者小小伙会默默地站在那里，看上去无限伤心。不过有时候

七岁孩子也有挺倔强的一面，也会为了达成他的愿望而不惜跟妈妈决一死战。实际上，孩子表达情感时的激烈程度，有时候确实不再像是一个孩子的行为。这种情况不仅仅会发生在某件具体事情的分歧上，也会发生在一个纯理论性话题的争论中。

七岁孩子对妈妈往往比较友善，而且大多数七岁孩子都愿意原谅妈妈的小错误（八岁的时候却不见得能原谅了）。亲子关系的主旋律是熨帖的、带有同情心的，而且大多数情况下不会过于紧密纠缠。

真的，七岁孩子和妈妈之间的关系可以非常友好。他说到他和妈妈一起做什么事情的时候，会喜欢用"我们"这个词，而且他本来就喜欢和妈妈一起做事情。他不但喜欢和妈妈一起出去东走走西看看，也喜欢妈妈给他读一段书听。有些七岁孩子会给妈妈写一些非常友善的留言条，祝福妈妈健康或者快乐。

❖ 很在乎妈妈对自己的看法

七岁孩子往往很为自己的妈妈感到自豪。不过，在公众场合下，他每每又会变得很矜持，尤其是妈妈到学校里来的时候。

这个年龄段的孩子有很特别的一点，那就是他很在乎妈妈怎么看待他。六岁孩子最在乎的是妈妈替他做的、和他一起做的事情；八岁孩子更在乎的是他给妈妈的感觉是什么。可是，在七岁这个充满思考的年龄，他最在乎的则是妈妈的想法。不少妈妈都曾经惊讶地听到她的孩子跟别人说话时会引用她的劝告："她说，'要耐心些'，还有，她说，'不要太焦虑'。"

2. 与父亲：无论男孩还是女孩，对父爱的渴望都在不断增加

　　遗憾的是，和过去相比，爸爸已经很难出现在孩子的生活中了。尽管我们当中许多人如今仍然认为双亲家庭是理所当然的事情，但是，最近的政府统计数据却表明，白人中只有 80% 的孩子由双亲抚养，黑人更是只有 42% 的孩子由双亲抚养。即使是在传统的双亲家庭之中，需要去上班的爸爸也很少有时间陪伴他们的孩子。

　　这实在是很糟糕的事情，因为不论是男孩还是女孩，随着孩子越长越大，他们都会越来越需要爸爸，需要爸爸的陪伴，需要享受和爸爸在一起的快乐。

❖ 男孩敬仰爸爸，女孩喜爱爸爸

绝大多数的男孩子都很敬仰他们的爸爸，甚至是"崇拜"自己的爸爸。跟爸爸在一起的时候，尤其是单独跟爸爸在一起的时候，那可是最宝贵的时光，不论他们这时做些什么事情都能让人十分快乐。男孩子尤其愿意爸爸陪自己做各种体育活动，比方说一个扔球一个接球。他也很愿意跟爸爸一起出去徒步旅行、划船、钓鱼等等。不少男孩子可以跟爸爸聊很久的悄悄话，把自己的担心、困扰告诉爸爸，甚至自己干的坏事也告诉爸爸。

女孩子往往在情感上更需要爸爸，而且对来自爸爸的训斥格外敏感。她甚至有可能会嫉妒爸爸对妈妈的关爱。

❖ 爸爸是伟大的"百事通"

男孩也好，女孩也好，当他们需要寻求家庭以外的讯息的时候，都更愿意去找爸爸问，而不是找妈妈。尤其现在进入了电脑时代，那就更是如此。（译者注：这是在20世纪70年代，电脑在美国也不算普及。）如果家里能拥有一台电脑，父子俩则可以一起享受这一新的家庭活动。即使在电脑出现以前，不少妈妈已经常常用这么一句话来把孩子撵走了："去问你爸爸去！"尽管妈妈心里其实知道，爸爸也不一定就知道答案。

3. 兄弟姐妹之间：关系的好坏依据与自己年龄的差距而定

尽管现在肯定不能算是已经过了打架的年龄，但是七岁的孩子和兄弟姐妹打架的频率比平常要少很多。不论是男孩还是女孩，他既有可能退缩到自己的小屋子里去，也有可能坚守阵地打上一架；他既可能克制自己不发火、嘟囔几句就算了，也有可能来一通拳打脚踢。

❖对年幼的弟弟妹妹和较大的哥哥姐姐都比较友善

跟两岁以下的小宝宝相处的时候，他很可能展露出自己最温和的一面，伸出胳膊环绕着、呵护着小宝宝。而小宝宝则显然很信任他，放心地享受大哥哥或者大姐姐的关爱。（不过，大哥哥刚刚抱过、"爱"过他的两岁小妹妹之后，很可能转过身到一边去悄悄发牢骚："我才不喜欢她呢，她会掐人。"）如果小宝宝才出生不久，七岁孩子很可能喜欢去抱抱她、给她喂奶瓶、用小推车推着她玩。但是，如果弟弟妹妹和他年龄差不多，他就该拿出嘲笑、斗嘴、逗弄、打人等这一套来了。

对小弟弟妹妹最满怀热忱的时候还没有到来。许多七岁孩子会嘲笑妈妈有了小宝宝，或者又有了小宝宝。有这么一个小姑娘，在她毫不留情地嘲笑妈妈又该生小宝宝了之后，问道："为什么你们还要生一个宝宝？"

妈妈回答："因为你说你想要一个小宝宝呀。"

小姑娘愣了："啊？我怎么会那么说呢？"

七岁孩子一方面对很年幼的弟弟妹妹十分友善，另一方面对比自己大好几岁的哥哥姐姐也非常好。他敬仰他们，吹捧他们，在他们关注到自己的时候由衷地感到满足。五岁的孩子拿妈妈的话当令箭，六岁的孩子拿老师的话当令箭，七岁的孩子则拿他哥哥姐姐的话当令箭。

❖ 常和年龄相近的兄弟姐妹闹矛盾

但是，他却常常会跟年龄相近的兄弟姐妹闹矛盾。最主要的原因之一，是他总担心对方会占他的便宜、会比他得到更多的好处。尤其是分东西的时候，七岁的年龄应该是什么都能让他觉得"不公平"的高峰期，他总以为别人得到的份额比他的更大。

孩子还在六岁的时候，每每会故意去招惹他的兄弟姐妹，挑起是非；到了七岁的时候，这种行为则少了很多。而且，因为这个年龄有神情恍惚、心不在焉的特征，他倒是常常就忘记了刚才胸中的恨意，忘掉了要报仇这回事。

针对七岁孩子对弟弟妹妹忽冷忽热的行为，我们经常听见父母们这么说，"他会跟她斗嘴，可是又觉得她很可爱""他会保护她，可是他也会欺负她"。虽然两个年龄很相近的孩子总归要常常打架，用父母的话来说，"就跟小猫小狗在一起一样"，但是，他们之间却很少出现关系一直很僵的状况。不论怎么说，总体上七岁的年龄段应该算是对兄弟姐妹最好的时候了。

❖ 打闹作为一种身体接触的方式，对孩子的情感交流有一定的益处

尽管孩子之间不可避免地会时常打上一架，不过这其中也不见得就没有任何益处。斯蒂芬·P.班克和迈克尔·卡恩在《手足之情》一书中指出：

> 相互的攻击，哪怕是痛苦的，也代表了一种互动、一种温情，代表着另一个人的存在。任何看见过两兄弟扭打在一起的人都会注意到，在两人不断地拧掐踢打的过程中，他们之间更多的是身体的接触。……而这种作为人类生存之基础的身体接触，在随时都能扭打在一起的兄弟姐妹之间，成为一件唾手可得的事情……这种来自于既熟悉又亲密的敌人之间的拳脚相加，不但使得双方都打得血液沸腾，而且更有助于让渴望情感爱抚的孩子明白，他们还活着。通过打架的疼痛，孩子最起码得到了来自对方最基本的讯息：你是大活人，你是真实的存在，而且你被我注意到了。

我们希望，你们大多数人的孩子都能通过更温和的途径来得到这些基本讯息；但是我们也应该看到，孩子之间的打斗的确有它正面的价值所在。

另外，我们这里所讲述的兄弟姐妹之间的打斗行为，指的是血亲手足之间的关系。而针对因再婚而形成的"过继"兄弟姐妹之间的关系，不消说你也能想象得到，他们之间的口角、争执，以及相互不容，绝大多数情况下带有夸大问题的色彩。这需要等再婚家庭稳定下来，进入某种表面上的和平关系之后，才会好转。

4. 与家庭之间的关系：热爱自己的家并引以为豪，极力守护自己在家庭中的地位

　　现在的家庭和过去的家庭已经有了很多的不同。有的孩子生活在双亲家庭之中，有的生活在单亲家庭之中。有些孩子和继父继母生活在一起，还有些孩子和养父养母生活在一起。但是，不论是哪一种家庭结构，不论这个家庭是不是一个最理想的家，七岁的孩子都会对自己的家带有深厚的感情。

　　家，还有家里的亲人，对七岁孩子来说非常重要。他们大多为自己的家庭自豪，觉得自己的家比别人家更好，哪怕有时候实际情况并非如此。大多数的七岁孩子不但会以父母

和兄长为傲，而且会对家庭、亲人，甚至国家这样的概念变得非常在意。

❖ 在乎自己在家庭中的地位，并能承担一定的家庭义务

他们绝大多数都很在乎自己在家庭中的地位，在乎自己和其他家庭成员之间的关系。当他内心阳光明媚的时候，七岁孩子所做的事情真就是一个家庭成员应该做的，他可以承担起相当一部分的家务责任。许多七岁的孩子都会愿意帮忙做些日常家务，尤其是在星期六的早晨，你可能会看见孩子清垃圾筐、倒垃圾桶、修剪草坪、收拾床铺、打理自己的房间、帮忙洗碗碟、替父母跑腿当差等等。当然，通常来说，没有哪个七岁孩子肯一下子做这么多的事情；但是，每个七岁孩子都可能去做这些事情当中的某些事情。

❖ 对家有深厚的感情，在公众场合下有更好的表现

孩子帮忙做家务，往往免不了会三天打鱼两天晒网。尽

管他可能愿意跟你商量怎样通过帮你做家务来挣钱，不过这个年龄的孩子对这一招并不是太感兴趣，因为他这时挣钱的动力远没有他长到八岁时那么大。

可是，因为七岁孩子惯有的多疑和妄想，他又常常会坚持认为他不是家里的人。他会坚信他是捡来的孩子，而且还会威胁说他要离家出走。但是多数情况下，七岁孩子是热爱自己的家并引以为豪的，而且他还会极力守护他在家庭中的地位。

大多数的七岁孩子特别喜欢全家出游，而且在这种场合下他会表现得格外好。在公众场合下，七岁的孩子往往比他小时候表现得更得体。

❖ 浓浓祖孙情

七岁孩子和祖父母之间的关系，和以前一样，仍然是温暖的、和美的。只不过孩子对祖父母的爱仍然还带有些自私色彩：他会告诉你，他喜欢他们的原因，是因为他们会给他好东西，而且会带他出去玩。这时大多数孩子也都相当清楚，爷爷奶奶会比爸爸妈妈更娇纵他一些。当然，人们还是常常可以看到孩子对祖父母一定程度的尊敬。七岁的孩子表现出对爷爷奶奶的一种真诚的爱，不但是因为爷爷奶奶会给他好处，而且更是因为他也很喜爱爷爷奶奶本身。另一方面，随着孩子越来越懂事，言谈举止越来越像个小小的成年人，爷爷奶奶对孩子的感情也开始出现新的成分：他们越来越能真正欣赏自己的小孙孙了。

5. 和朋友之间的关系：总体比较和谐，但与每个孩子的个性极其相关

❖ 重视朋友关系，开始有意愿考虑朋友的感受

孩子和朋友之间的友情，不但跟孩子在一定年龄段之内的行为特征有关，更和每个孩子的基本性格、家庭、邻里、学校有关，在某些情况下也纯粹跟运气有关。有的孩子身边有可能从来都环绕着一帮朋友；有的孩子却很不容易找到哪怕一个朋友，而假如这唯一的朋友离去了的话，要再找个新朋友就更难了。不论怎样，对大多数孩子来说，朋友是生活

中非常重要的一部分，他们的对话中常常出现这样的语句："我的朋友如何如何。"

总体而言，和六岁的时候相比，七岁小朋友之间的争执和打架已经少了很多。不过，这并不意味着孩子之间的玩耍就一定融洽，即使是一对一的玩耍都不见得能有多和谐，更别提一群孩子一起玩了。如果小朋友之间有了矛盾，七岁孩子往往以他招牌性的退却行为独自离去，而不会像六岁的时候那样决不退让，让拳头说话。当然，由于七岁的孩子不再那么争强好胜，不再那么在乎任何游戏都非赢不可，孩子之间的玩耍自然会比前些日子融洽许多。

虽然这个年龄的孩子最关心的毫无疑问仍然是自己的成功或者快乐，但是，他至少已经开始留意朋友的神态和反应了。虽然他不可避免地要去担心别人会不会对他不好，不过他自己已经不太会去招惹别人了。

❖ 渴望被朋友认同，有能力处理朋友间的摩擦

七岁孩子经常会几个人结成一个小团伙，共同对付其他孩子，尤其是许多男孩子会遇到被大孩子欺负的麻烦。只是，七岁孩子的小圈子不很固定，常常以散伙而告终。身在

小团体里，孩子既可能会担心自己的地位，也可能会害怕遭人排挤、被人讨厌。最让他受不了的，是小团伙里的其他孩子对他的嘲笑。男孩子虽然还是常常会陷入半玩笑半恼怒的扭打和混战之中，但是总的来说，小玩伴之间很少还会像六岁时候那样直接对打或者对骂。

当小朋友之间闹不愉快时，七岁孩子往往不再像六岁时那样需要你的陪伴，反而是你别去打扰他也许更好。还有，如果他没什么朋友你也不需要操心，他自然会有很多办法自得其乐，优哉游哉。

❖ 男孩女孩之间逐渐开始以性别分群

七岁的小男生和小女生之间的关系，每个孩子都很不一样。有的孩子之间可以随意玩，完全不分什么男生女生；不过，有的孩子则承接了六岁时的"流毒"，继续彼此黏黏糊糊，谈论些什么爱啦之类的，最后还可能谈到结婚。我们曾问一个男孩子有没有特别的女朋友，他这么回答："我难道必须一个一个把她们的名字全都说出来吗？"

我们也问过另一个小男孩："你女朋友知不知道你喜欢她？"他说："那当然了，我们相互赠送了礼品，她还给我写了个条子说'我爱你'。"还有另外一个男孩子告诉我们说，他课间休息的时候和小女生们玩过家家，"她们吵来吵去，个个都抢着要当妈妈，因为她们全都喜欢我，每个人都好像将来要嫁给我的样子。"

不过，另有一些孩子却相反，开始变得不再愿意跟异性孩子一起玩。小男生对小女生的排斥比小女生对小男生的排斥要更厉害一些，有的男孩干脆完全不允许女孩子来打扰他，甚至有少数小男生对小女生充满了敌意。有个七岁男孩子告诉我们说，他有一个朋友，故意涂抹了一种特别的古龙香水，好让女孩们都绕着他走。（译者注：这孩子说是别人的故事，其实就是他自己。）就是这个男孩子，他还故意气他姐姐，给她取了个外号叫"裸体影星"（姐姐是这样说的）。但他却断然否认姐姐的指责，辩白说："我要是真的很生她的气，肯定会叫她'笨蛋'，才不会是什么'裸体影星'呢。"

6. 与老师的关系：带有相当的个人感情色彩

❖ 师生关系浓厚，且带有相当的个人感情色彩

对六岁的孩子来说，老师的话就是"圣旨"。如果老师的做法和父母的做法不一样，那么肯定只有老师的做法才会是"正确的"。不过，六岁孩子和老师的关系，既不像幼儿园或者小学学前班时期那般亲昵，也不像到了七岁时那般亲近。老师与六岁孩子之间的师生关系，其实是建立在各种教学用具以及课堂活动之上——数数认字、剪剪贴贴等。

与此相反，老师与七岁孩子的师生关系，却变得相当带有

个人感情色彩。人们常常说，这个年龄的小男生小女生几乎个个都崇拜他们的老师，甚至常常是一种爱慕。七岁的孩子只愿意要他们自己的老师来上课，不愿意要代课老师；哪怕做一点点鸡毛蒜皮的小事，他也要去请求老师的准许："从这里开始吧？""我们现在就开始？"正因为如此，一个孩子在学校里是否快乐、是否学得好，很大程度上依赖于他跟老师之间的关系。

这个年龄段的孩子变得很有人情味。孩子与孩子之间的个人感情、孩子与老师之间的个人感情，都比过去浓郁了许多。小学生们都愿意站在老师的身边，喜欢拉着老师的手，向往着跟老师之间能有一份与众不同的特殊感情。他们尤其喜欢自己的老师年轻漂亮，而且打扮时髦。我们真需要给二年级孩子配备一个非常合适的女老师，因为她在孩子们心目中的地位太重要了。

❖ 会负面夸大与老师之间的小矛盾

不过另一方面，虽然七岁的男孩和女孩可能很喜欢、很依赖自己的老师，但是，以七岁小朋友的招牌性格，他却又很可能回家后有一大堆的牢骚，说老师如何不讲理、如何不公平。请父母注意，这种牢骚话的绝大部分你都可以充耳不闻。

七岁孩子和老师之间的另一个小矛盾，是他往往不愿意痛痛快快接受老师的批评指正，而且还振振有词："我其实就是这个意思嘛""我本来就打算这么做的"。

等到了八岁的时候，许多老师只需要使一个眼色，就可以控制得住自己的学生了。但是，面对现在七岁的孩子，老师不但需要使眼色，而且还需要配上一些词句，甚至还要配上距离的效果：老师离那个需要矫正的孩子越近，对孩子说话的效果就越好。

七岁孩子一如既往地喜欢带些小东西给老师，不过频率比起六岁的时候有所下降。如果孩子送来的小东西看上去比较值钱，那么老师最好能问问孩子是哪里得来的，因为七岁的小家伙难免仍然会把妈妈的东西拿来送给老师。这个年龄段的孩子也喜欢从家里带些东西来学校，向老师炫耀一下他的小财宝。不过，七岁的孩子却并不是一个合格的小邮差，所以，不论老师还是父母，都不能依赖孩子向对方传递信息。

3
Chapter

正确地养育，精心地呵护——

七岁孩子的日常作息

　　从总体上来看，七岁孩子的健康状况比六岁的时候要好很多。人们越来越懂得良好的饮食营养对孩子的重要性，"正确地养育孩子"对提高七岁孩子的健康状况显然有很大的作用。他们的日常作息更加有规律了，自控力和独立性增强，这让家长们省了不少心。七岁属于比较安静的年龄段，因此我们可以看到，孩子宣泄紧张情绪的程度，和六岁的时候相比，也缓和了很多。在面对压力的时候，孩子们更喜欢精神排忧法，让自己的精神忙碌起来，也会通过把玩一些小东西来宣泄紧张情绪。

1. 饮食

❖ 整体表现良好

七岁孩子在餐桌上的表现，还谈不上有多完美。他依然有可能会把嘴塞得满满的，狼吞虎咽；而且还依然会含着满嘴的食物说话。好在他不再轻易从椅子上掉下来，也不再频频打翻牛奶杯子了。借用一个妈妈跟我们聊到她的七岁女儿时的话，那就是："现在她在餐桌上惹人生气的时候比以前少多了。"

由于这个年龄的孩子比六岁时明显安静了许多，七岁的"小吃客"不但可以好好坐在那里吃饭，甚至还有可能对餐桌上的闲谈表露出一定的兴趣，既愿意听听别人的对话，也愿意聊聊自己的事情。不过，有的孩子也可能这时变得相当沉默寡言，和以前相比话少了很多。

❖ 进食过程中容易被分散注意力

若是外面有点什么动静，七岁"小吃客"的注意力很容易就能被吸引过去。如果父母允许的话，他会频频跑到窗户跟前，看看外面到底有些什么事情。回到餐桌边来的时候，这个年龄段的孩子手里往往还拿着他刚刚正在玩的东西。

❖ 餐具运用进步明显

饭前洗手依然需要有人提醒，而且，七岁孩子变得不那么愿意了："不洗不行吗？"餐巾他也不太愿意用，不过偶尔还是会用那依然折叠整齐的餐巾抹一下手指头或嘴巴。

这个年龄的孩子使用刀、叉、勺的熟练程度，比起六岁的时候又进步了不少，也很少再用手抓东西吃。不过，他用叉子的时候，仍然有可能需要用手指头帮忙戳一下，把食物推到叉子上去。

❖ 偏食现象改善

要说七岁孩子肯吃些什么，情况比以前又有所改善。他对某些食物的偏好和挑剔倾向比过去减少了许多，父母常常为此感到满意多了。通常来说，孩子要是真特别反感某些食物的话，父母也不会强求他，更何况有些七岁孩子还是会愿意尝试一点他不喜欢的东西。不少孩子依然不喜欢味道太腥的奶酪或者煮熟了的蔬菜，而且依然很偏爱某些简便食物。有一次，在一家挺气派的餐厅里，父母递了一份很精致的菜单给他们的女儿，请她点菜。小姑娘眉头一皱："这家餐厅怎么就没什么像样的东西啊？他们难道连热狗和汉堡都没有吗？"

不少父母开始注意到，他们越来越敏感细腻的七岁孩子，对食物的挑剔有时候还真有些"道理"。而在此之前，父母却一直相信唯有自己才知道最好吃的东西是什么。

2. 睡眠

❖ 能独立完成睡前准备工作，但仍希望父母为其讲睡前故事

七岁孩子的上床时间，一般来说推迟到了七点半或者八点。当然这也要看每个家庭的不同习惯，有的家庭甚至比这还要晚。上床之前的一系列事情，不少孩子已经可以独立完成，甚至连洗澡都不必再让人帮忙。尽管如此，大多数孩子还是会需要父母替他做点这个、提醒那个，指使着父母来来回回跑上好几趟。

即使是完全不再需要任何帮忙的孩子，也喜欢叫妈妈或

者爸爸进屋去，替他掖掖被子，跟他道个晚安。有的孩子也许还愿意在熄灯之后跟父母多聊一小会儿，吐露一些在学校里发生的小秘密，当然，这需要爸爸妈妈发誓不告诉学校老师。还有许多孩子依然愿意听父母给他们读点儿故事，尤其家里若有年幼的弟弟妹妹，那就更是如此了。

❖ 孩子的入睡速度因人而异

有些孩子可以一沾枕头就睡着。可也有的孩子完全相反，小脑瓜里装了很多东西使得他辗转反侧。这时候他可能会哼哼歌、自言自语、听听收音机，甚至还会伸长了耳朵捕捉屋外成年人之间的对话，要么就琢磨房子里各种稀奇古怪的声音，往往要过了九点之后才能真正入睡。

七岁孩子对床似乎情有独钟。他们大多数都是"小睡猫"，妈妈们常常形容孩子"睡得像根木头似的，在旁边拉警报也不会吵醒他"。那些很容易就入睡的孩子一般来说都睡得很香，而且早上也往往能醒得很早。这种孩子似乎对睡眠的需求比其他孩子要少一些。

❖ 做梦尤其是做噩梦的比例降低

在这个年龄段里，孩子的梦少了一些，至少他们跟我们说到自己做梦的频率少了一些。当然七岁的孩子仍然会做梦，而且常常梦见跟自己有关的事情。他既会梦见一些很神奇的景象，比如看见他自己在天空中飞翔，在大海里遨游，也会梦见一些让他感到十分尴尬的事情。孩子梦见家人的频率也开始增加。有的孩子梦中还会出现鬼魂、超自然、盗贼、战争等情景。但是，七岁孩子做噩梦的比例显然降低了不少。

❖ 习惯早起

孩子醒来的时间，一般都会在早上七点左右，周末的时候会晚一点。七岁的小家伙很少需要你去叫醒他，甚至知道自己早些起来好读读书，或者给他自己"多留点时间"做些什么。也会有少数孩子因为过于害怕上学迟到而醒得特别早。

3. 排泄

　　绝大多数的七岁孩子很少还有这方面的麻烦，他们能憋住不上厕所的时间变得越来越长，有些孩子甚至到了早上出发上学时都还憋着，所以，父母这时最好能提醒一下孩子上个厕所。需要半夜起来撒尿的比率比前段时间更少了，而且这些需要起夜的孩子已经完全有能力照顾自己了。

　　很少还有孩子会继续尿床，即使尿床也只是偶然现象。不过若是哪家孩子这时候真还继续尿床，那么不论是父母还是孩子，恐怕都已经没有耐心再让这种情形继续下去了。在看过儿科医生确认孩子生理上没有问题之后，父母可以试试市面上出售的尿床治疗仪。（译者注：尿床治疗仪在《你的4岁孩子》中有比较详细的介绍。这实际上是一种尿湿蜂鸣器，孩子尿湿以后会一直响个不停，直到有人过来关掉开关。这时父母自然会唤醒孩子起来撒尿，渐渐地孩子就会自己知道醒来撒尿了。）

这个年龄段的孩子还可能会遇到的另一个方面的麻烦，就是有的小男生和小女生不肯用学校的厕所解大便。幸运的是，孩子这时候大多都已经有能力熬到回家以后再"解决问题"了，极少还会有"意外状况"。

另外，七岁的孩子大多数都不再拿"上厕所"这样的事情来开玩笑、讲笑话了。

4. 洗浴和穿衣

❖ 享受洗澡

大多数的七岁小朋友都能把自己洗得相当干净了，尽管他们一般来说在开始洗澡的时候往往不太愿意去。如果爸爸妈妈想节省时间的话，最好能帮孩子开个头。

一旦进了洗澡盆，孩子都会享受洗澡。当然，也难免会在里面磨磨蹭蹭、东玩玩西弄弄，或者只顾着洗一只胳膊或一条腿。好在大部分孩子都已经能够自己完成洗澡的整套步骤了。只是，爸爸妈妈最好能在孩子出澡盆的时候看看，是否有哪里没洗干净。

❖ 独立穿衣，但效率不高，容易磨蹭

说到穿衣服，四岁的孩子往往很为自己学到的某个穿衣服所需要的新本领而自豪；五岁孩子一般都很能干了，可是却对穿衣服失去了热情，往往需要家长帮不少忙；六岁孩子当然更有本事自己穿衣服了，然而他们却偏偏这不愿意那不愿意的，尤其是女孩子，往往为了要决定穿哪件衣服而折腾好久。

七岁孩子则已经走过了这一道又一道的坎儿。大部分小男生和小女生这时往往都能相当独立地自己穿戴整齐，尤其是你能让他开始动起来之后。不过，这个年龄的孩子容易被房间里的其他东西吸引注意力，或者小脑瓜子里转的什么东西会让他忘记了继续穿。比方说，只穿了一只袜子，他就想别的东西去了，向你问些电话线啦之类毫不沾边的事情。如果你想要他快起来，可以让孩子假装是消防员听到了紧急警报；或者，你干脆直接过去帮忙好了。否则的话，你唠叨了又唠叨，只怕都是浪费精力，毫无效果。

❖ 提醒系鞋带

除了需要敦促走了神的孩子快点儿穿上衣服之外，另一个七岁孩子在穿戴方面的"烦恼"，是他们的鞋带。不是不会系，这个年龄的孩子已经可以系得相当紧了，但是你仍然经常会看见他拖拉着长长的鞋带走来走去。这就是老生常谈的"他会做，可是他不肯做"了。你可以稍微提醒一下，但是切忌太过唠叨。更好的办法是给孩子一个特别长的鞋带，这样可以方便系双重扣。

❖ 着装不在意，也不甚爱惜衣服

许多七岁小家伙对自己的衣装并不太在意。他们大多喜欢穿旧衣服，讨厌换新衣服。一个小男孩对我们讲道，他有一个好朋友（译者注：其实就是他自己），天天故意穿破了洞的旧衣裤，可是他父母不是没有足够的钱给他买新衣服，只是他不肯穿。

七岁孩子很少会自己挑拣衣服，大多数都是妈妈给什么就穿什么。如果妈妈带孩子去店里买衣服，通常都是随便妈妈决定，孩子不太会有自己的特别要求。

　　七岁孩子也很少会讲究爱惜衣服。倒不是说他会故意把衣服撕破，而是说他脱下衣服之后往往随手一扔，"天女散花"。如果父母提醒的话，小男生和小女生最多把衣服全部堆到某个椅子上了事。

5. 紧张情绪的宣泄

❖ 忙碌排忧法

七岁属于比较安静的年龄段，因此我们可以看到，孩子宣泄紧张情绪的程度，和六岁的时候相比，也缓和了很多。如果孩子觉得压力很大，他可能让自己整个人忙忙碌碌做些杂事。总的来说，他很少再拧来拧去，很少再踢桌子腿，很少再把胳膊挥来舞去，也很少再从椅子上掉下来。

❖ 精神排忧法

有不少事情在七岁孩子的小脑瓜里转来转去，而且这其实也是孩子宣泄紧张的一种方式，只不过，别人不太容易从外表上看得出来。你能够看得出来的，是孩子在那里自言自语、长声叹息，有时候是喉咙间的一点声音。孩子太累了的时候，你可能还会看见他掏鼻孔、咬指甲，甚至结巴几句，不过一般来说你很少能再看见他吸吮拇指。当然，如果你真要是看见了，你可以要求孩子戒掉，七岁的小姑娘和小小伙已经有可能会愿意配合你一起做一个行动计划了。

很少还有孩子睡觉时仍然离不开他的绒布小动物，而且很多孩子也都不再离不开他最心爱的小毯子了。

❖ 把玩物件

七岁孩子感到紧张的时候，也会显得有些坐立不安，有时候还会摇晃他松动了的牙齿。上课时他若感到紧张了，则可能把玩他的铅笔，擦擦蹭蹭，敲敲戳戳，甚至往课桌面上扎眼儿。要么就是让铅笔掉地上，然后捡了再掉，掉了再捡，没完没了……

这个年龄的孩子还喜欢没完没了地用橡皮擦啊擦，这很可能是孩子宣泄紧张的另一种方式，而且也是孩子追求做得完美的一种体现。不少孩子在专心做事的时候，会吹点儿口哨或弄出点什么其他声音来。有时候孩子会想要把一样东西硬插到另一样东西里面去，而且还相当使劲儿，往往就把手上的东西给弄坏了……所有这些宣泄动作，几乎全是手上的动作。七岁孩子很少还会出现脸上的怪异神色，也很少会有伸舌头、舔嘴唇的动作。

6. 孩子的健康状况

❖ 整体健康状况比过去大有改善

每个孩子的健康状况，不消说肯定会各不相同。不过从总体上来看，七岁孩子的健康状况比六岁的时候要好很多。我们不太明白为什么会是这样，不过，正如病菌会让人生病一样，压力也容易让人生病，我们认为，二年级学生的压力比一年级的时候小了。虽然很多孩子放学以后仍然会显得十分疲倦，不过大多数孩子现在已经习惯了一整天的上学。（译者注：在美国，七岁的孩子已经上二年级，虽然他承受的功课要求、纪律要求都比小学一年级高，但是，因为孩子应该已经适应了从"无忧稚童"到"在校学生"的巨大转变，所以学校的环境带给孩子的心理压力反而会减轻不少。）

❖ 头疼的孩子增多

整体上来说，孩子感冒的次数变少了，而且即使感冒了也很少引出其他并发症。说肚子疼的孩子也变少了，不过说头疼的孩子倒是多了一些，这有可能是由孩子的视力问题造成的，因为我们发现七岁孩子揉眼睛的动作多了起来。如果你的孩子也揉眼睛，那么你可以用眼睛清洗剂或者眼药水，这不但可以预防可能的眼科感染，而且还能让孩子的眼睛舒服一些，不至于总想要去揉搓。

虽然七岁孩子的健康状况比过去大有改善，但是七岁的招牌特性却令孩子每每会担心自己是不是有了什么毛病，而且总是哼哼唧唧这儿疼那儿痒的。你明明什么都看不出来，可孩子就是说那儿疼。他还老要哼唧说肉肉疼（肌肉疼痛倒是真有可能），更常常说膝盖疼。这种情况下你可以帮孩子揉一揉，能起到不少作用。

❖ 传染性疾病仍存在

传染性疾病虽然仍是不可避免的，不过比起六岁的时候少了很多。当然，兄弟姐妹比较多的孩子显然比独生子女更容易传染上疾病。因为各种各样的病而导致发烧不能上学的状况不是没有，但是不管怎么说，七岁孩子因为生病而缺课的情况比六岁的时候少了很多。

❖ 重视饮食营养

如今，人们越来越懂得良好的饮食营养对孩子的重要性，这对提高七岁孩子的健康状况显然有很大的作用。家长们开始避免给孩子吃各种垃圾食物，包括各种带有人工色素和人工香精的食物，尤其避开了那些能让孩子过敏的食物。前几年孩子更小的时候生了不少病而父母不明所以，但是现在家长们开始越来越多地接触到了许多很让人震撼的文章，帮助他们明白了怎样从饮食方面提高孩子的健康水平。这正如伦敦·史密斯博士所说的那样，"要正确地养育孩子"。

正面引导，合理"回馈"——
和七岁孩子相处的技巧

　　和孩子相处的最佳技巧，是遵照孩子本身的特点和天性来选择最有效的管教方式：预先限定、及时提醒、适时督促。但是，要想和七岁孩子相处得好，最有效的办法不再是那些"技巧"，而是父母跟孩子之间良好的互动与亲子关系。具有创意的"回馈"是最佳方法，引导孩子更正面地看待事情，培养正确的价值观。当然，要矫正孩子的不良行为，最有效而且也可能是最为容易的方式，是让孩子知道你期望他怎么做，并且正面强化其良好行为，也就是所谓的"行为矫正法"。

1. 对七岁孩子的基本管教方式：把握孩子的年龄特点，"对症下药"

　　和孩子相处的最佳技巧，毋庸置疑，是遵照孩子本身的特点和天性来选择最有效的管教方式。我们都知道，七岁孩子最典型的特征，是他做事拖拖拉拉、要做的事情转眼就忘，而且他很容易被分散精力。

❖ 预先限定

　　综合考虑以上三点，我们来举一个例子，看看父母该怎么做。假如说，你的七岁孩子正在看电视，而你想要他出去倒垃圾。很显然，他不会愿意放下看了一半的电视去做令人讨厌的家务。顺便提一句，无论孩子在做什么事情，你要他帮忙做件家务，七岁的他都会觉得你讨厌。怎么办呢？第一步，你预先提示他："等看完了那段节目，请你去把这筒垃圾倒掉。"

❖ 及时提醒

但是，你肯定知道，不用等到节目结束，他一转眼就会把你的话忘掉。因此，第二步，你需要提醒他："现在你的节目已经看完了，该去倒垃圾了吧？"大多数情况下，孩子这时候会愿意去完成你交代的任务（当然不乐意的情况也不算少）。好，现在他出去了，却可能还有一个问题：他去倒垃圾的途中，没准儿就被什么东西吸引住了，因此这第三步，就是你还得出去看看他到底倒没倒。

❖ 适时督促

这还真不如你自己去倒掉省事。但是，大多数人都认为，让孩子承担一定的家务对孩子"有好处"，而且我们也提倡父母这么做。实际上，不论做什么事情，七岁孩子都需要你提醒了再提醒，而且父母最常听到孩子抗议的一句话往往就是："你怎么不提醒我！"六岁的孩子可能需要你给他三次机会才能把事情做好；八岁的孩子则可能只愿意接受你含蓄的提醒或暗示，比如说，不要提醒孩子"现在你该去洗手了"，而是简单一个字，"手！"就好了；可是，七岁的孩子却需要你预告他、提醒他、督促他，而且最好明确到每一个步骤。

2. 与七岁孩子的最佳相处技巧：用"引导"代替"管教"

六岁的孩子往往容易被你的一些特殊"管教技巧"所"收服"，其实连不少成年人也都很吃这一套。但是，你的典型七岁孩子，却反而不怎么吃这一套。你的许多"撒手锏"，孩子现在却睬都不睬，甚至有本事反过来"以汝之矛攻汝之盾"。比方说，针对执拗而又反复无常的六岁孩子，你这样的说法常常能立竿见影："在我数到十之前，我要你开始收拾你的房间。"可是，七岁的孩子却居然会用这个套路来跟你说："在我数到十之前，我要你拿一杯果汁放到这桌子上。"

因此，要想和七岁孩子相处得好，最有效的办法不再是那些"技巧"，而是父母跟孩子之间良好的互动与亲子关系。要做到这一点，著名心理学家海姆·吉诺特博士很提倡的一个做法叫作"回馈"，而且这种做法目前很盛行。我们来看一个具体的例子。

假如说，你孩子放学回家，告诉你他的同学们都痛恨他而且欺负他。按照吉诺特博士的建议，你可以简单地重复一遍孩子的话："哦，你觉得同学们都痛恨你，而且还欺负你。"

这一句简单的回馈，应该能让孩子明白，你听到了他的话，而且你理解了他的想法。不过，这一句话有两个可能的毛病。其一，有时候这会让孩子听了更生气："这不就是我刚说过的话吗！"其二，你的这句话对孩子没有任何指导意义。虽然这句话表达了你在倾听，也表达了你对孩子的同情，但是，这句话却并不能引导出任何正面的行为来。

如果你能把"回馈"这一功夫再用得稍微带点儿创新，以正面的行为或者心态来引导孩子，那么哪怕总是阴云蔽日的七岁小黏糊，也有可能被你带动起来。比如你可以这么说："看来你觉得同学们都痛恨你，而且欺负你，是怎么一回事？"你这么一问，孩子很有可能会告诉你，有些同学给他取了个外号什么的（"大傻瓜"或者"小白脸"是七岁年龄段最流行的外号）。听明白之后，你就可以跟孩子说说，面对别人给他取外号这件事，最好的做法可以是些什么。

❖ 引导孩子更正面地看待事情

充满同情的讨论几乎每次都是有效的。你要注意，不可一味太顺着孩子的心思往下说，不可滥用同情。吉诺特博士再三强调：一方面你不要去否定孩子的看法，也就是说你要接纳孩子对事情的不同感受；另一方面你也要引导孩子更正面地看待事情。

举个例子来说，如果你要求孩子做一点简单的家务，而孩子却抗议说："你总是让我做所有的事情！"那么，你与其直接驳斥回去，或者跟他讲一番要承担家务责任的大道理，或者来一段冗长的故事，说你小时候何止是真的要做所有的家务，而且还要踏着冬雪，步行十几里路去上学……倒不如你这么简简单单地来一句要见效得多："哦，看来你觉得所有的事情都是你做的。咱们要不要商量商量，怎么把家务重新分派一下，你才会觉得更公平一些？"

值得庆幸的是，一旦孩子"倒了大霉"，和往往"痛不欲生"的六岁孩子比起来，七岁孩子已经有了相当不错的能力"痛定思痛",琢磨万一以后再出现同样的情形,该如何避免让自己"重蹈覆辙"。

虽然大多数孩子都喜欢被夸奖,但是作为一种激励方法,夸奖对七岁孩子的激励效果要比对六岁和八岁孩子弱一些。有些时候,反倒是你提醒孩子从别人的角度来看待问题,更能让孩子有动力去做你要求他做的事情。因为,七岁的小家伙已经开始意识到别人也会有别人的感受。而在他六岁的时候,他却完全看不到这一点。

❖ 帮助孩子养成正确的价值观

这里我们再次重申,所谓的管教,并非仅仅是对孩子错误行为的惩罚。真正合理的管教,应该以帮助为主,促成孩子以某种合适的方式去说去做,从而逐渐成长为一个能够自我约束的、说话做事都妥当的、成熟的成年人。阿尔伯特·艾利斯出了一本书,叫作《如何避免孩子长大后成为神经质的人》,他在这本书里倡导的一些做法特别适合于这个年龄段孩子的父母:

　　一个孩子有可能因为过于惧怕失败而不肯做任

何尝试，而且，他还会把所有的精力都用来狡辩。

万幸的是，我们可以采取一些合适的做法，来帮助孩子从这种状况中一定程度地解脱出来：

1. 鼓励孩子去感受任何细小的成就所带来的喜悦，而不是一味在乎输赢、一味求胜。

2. 教导孩子明白，要达到任何一个大目标都不是一件容易的事情，都需要日积月累地努力去获取所必需的技能。做不到一蹴而就绝对不是一件不光彩的事情。

3. 教导孩子明白，追求完美没有什么不好，但应该追求的是尽量完美的水平，而非追求自我完美。要追求自己做到最好，是可取的；但若要追求自己做一个完美无缺的人，却非常不现实。

4. 鼓励孩子为他自己的努力和成就感到自豪和欣慰，而不要一味去寻求他人的表扬。

5. 教会孩子学会把对追求巨大成就的偏好仅仅看作是一种偏好，而不要把它看作是生命中不可或缺的东西。

6. 鼓励孩子平静地面对自己的失误，从中汲取经验，下次努力做得更好；但是大可不必为自己的每一个失误而自责。

7. 最好能鼓励孩子学会自嘲自解。正如他可以觉得别人的失误滑稽好笑一样，他也完全可以把自己的失误当作笑料。

❖ 语气坚定，不容置疑

如果你要求六岁的孩子做件什么事情，他会直接顶回来，"我不干！""想逼我，你试试看！"可是，如果是七岁的孩子，他现在不太这么做了，相反，他更可能这么回应你："为什么偏要我做呢？"

这时，你不妨回敬他："因为我就是要你做。"七岁的小朋友可以受得了你这样的回答，这个年龄的孩子一般来说不太对这些搪塞刨根问底。当然，如果你觉得孩子是真的想要知道原因，那么告诉他好了。问"为什么"其实主要是孩子跟你争辩的一种途径，因为孩子这时候就是喜欢什么都要跟成年人争上几句，你跟他提一句什么要求之后，最常听到的回应就是"可是，妈妈……"好在这么小的孩子跟你的争辩还十分容易摆平。还有一个比以前显得更容易的地方，就是有的时候你只要表面上威胁说让他回屋里去"冷处理"，而不需要真的让他像小时候那样回去冷处理，就能解决问题了。有些孩子甚至只是被爸爸或者妈妈看了一眼，就已经知道收敛了。

❖ 亲子交流最重要的前提是保证孩子听到了你的话

你跟孩子之间的交流，或者是你对孩子提出什么要求，最最首要的一点，是你必须保证你的孩子听到了你的话。然而，七岁小家伙常常还真的就没听见你说什么，这使得不少父母曾经怀疑孩子是不是真的耳背。其实，孩子只是没注意到你罢了。因为，七岁的小朋友常常深深地沉浸在自己的世界之中，不知不觉就把自己同外部世界隔绝开来了。

所以，在你想当然地以为孩子已经听到了你的话之前，你应该先跟孩子再确认一下："你听见我说的话了吗？"这时你常常会发现他并没有听见。如果觉得你的小姑娘或者小小伙简直成了"习惯性耳背"，那么你也许需要换换平常跟孩子说话的方式，比方说，有的时候故意很大声，或者故意很小声，每每能有成效，要不你就真拿一个摇铃来也行。

❖ 方法要有创新性和灵活性

有一定的灵活性，也就是说有时候你对孩子让个步，也能使你更容易和孩子沟通。比方说，假如你天天都要提醒孩子："记得穿上毛衣、胶鞋，戴上手套。"而孩子每次都这么回嘴："为什么我不穿就不行呢？"那么，也许孩子真的就不需要，你不妨也就真的偶尔来这么一句："哦，好吧，你觉得不需要就不穿吧。"

比这更好的做法，是在每天没完没了地对孩子指手画脚之前，先反省一下你舌尖上想都不想就冒出来的话是否真的都有必要。在有些情况下，我们应该避免做的事情，和我们应该去做的事情，是同等的重要。大多数儿童专家都会建议你，不要反反复复用同一种"招数"对待孩子。好钢用在刀刃上，越是你不常使出来的招数，越是能对你的"习惯性耳背"的孩子起作用。

假如你要订立一个规矩，比方说不可以打人，否则的话就如何如何，那么一旦孩子动了手，你该怎么管教他你就要真那么去做，而且要当即就做。

❖ 行为矫正法

如果你的某种管教方式对你的七岁孩子不怎么管用，那么你也许愿意尝试一下目前流行的另一种方法，叫作"行为矫正法"。对这一方式解释得最为详尽的，是保罗·S.格劳巴德博士的著作《正面养育》（1977年出版），这是一本很实用的书。

和我们大多数父母的看法一样，格劳巴德博士也承认，孩子有些做法的确不该容忍。格劳巴德博士同样也看到，假如一个孩子不断地做些不该做的事情，他显然是要告诉你什么，因此，倾听孩子非常重要。孩子需要界限，如果没有界限，孩子则不知道自己站在什么地方。

要矫正孩子的不良行为，最为有效的，而且也可能是最为容易的方式，是让孩子知道你期望他怎么做，并且正面强化其良好行为。

"行为矫正"的核心有四点：（1）辨别哪些行为应该矫正；（2）前后一致地贯彻你的要求；（3）让孩子看到什么样的行为是你所希望的；（4）记录并让孩子看到自己的进步。

下面是一些具体的做法，希望能对你有所帮助：

1. 在你不希望看到的行为出现之前，就设法改变局面。比方说，假如你注意到孩子总是在晚饭之前半小时左右开始打架，也就是孩子往往在饿了、累了的时候脾气暴躁，那么，最好在下午4点半的时候给孩子吃一些有营养的东西，或者干脆让孩子在正式开饭之前先吃饱肚子。

2. 让孩子承受他自己的行为后果。这个办法已经相当有年头了（记得很久以前，我们曾听见一个小姑娘恳求妈妈说："请让我自己承担行为后果，好吗？"），而且操作起来也很容易。比方说，查理没有把他的自行车骑回家来，不但违反了你给他定下的规矩，而且自行车还被人偷走了，那么行为后果就是：查理不再有自行车可骑。

3. 让孩子远离"战机"。例如，你的七岁孩子常常和她的六岁妹妹因为电视频道而打架，那么，你不应该听任他俩争执，而是由你出面安排他俩各自看电视的时间表。

4. 假如试了各种方法孩子都还不肯听，父母往往会在这种时候去惩罚孩子了。一方面，绝大多数的儿童心理学家坚持向家长们呼吁，事先预防比事后惩罚要有效得多，而且人们也大都认可这一点；另一方面，既然我们无可避免地还是会给孩子一些惩罚，那么，格劳巴德博士建议，把握对孩子惩罚的尺度，应该以下几点为考量标准：

（1）问你自己，你打算给孩子的（或者刚刚施与的）惩罚公平吗？你为什么想要矫正孩子的这一行为？你有没有把你自己的意愿强加到孩子身上？给予孩子惩罚是不是眼下最有效的做法？惩罚唯有在真正能够有效消除不良行为的情况之下，才能算得上公平。

（2）你的惩罚及时吗？如果需要的话，你的惩罚不但应该真是很有必要的举动，而且还应该及时兑现。也就是说，一旦白天孩子做了什么惹你不高兴的事，你威胁孩子说："等着吧！等你爸爸回家收拾你！"这肯定不是处理这件事情的最好办法。

（3）你的惩罚很有针对性吗？这就跟夸奖孩子要有具体的针对才会最有效果一样。换句话说，你的孩子知不知道他遭到惩罚的原因是什么？

（4）你的惩罚真有效果吗？假如你的惩罚并不能真正有效地阻止或者改变孩子的不良行

为，那么你的惩罚就根本没有达到任何目的。（也有可能你本来就不求效果，仅仅是为了发泄你的恼怒。）

（5）你的惩罚对症吗？一定要保证你的惩罚和孩子的不良行为是相关联的。

另外，在你惩罚孩子的时候，一定要遵守下列原则：

（1）惩罚只可偶尔为之，而且施与的时候应该雷声大雨点小，千万不可歇斯底里地打骂孩子。

（2）你的要求和做法必须前后保持一致、要有体系性，千万不可率性而为。

（3）惩罚孩子之后，立即强化你希望看到的行为。也就是说，鼓励孩子用你能够接受的行为代替你不能接受的做法。举例来说，假如每次该苏茜洗碗的时候她都把碗碟忘在了洗碗池里，那么一旦她去洗了碗，你就应立即正面肯定她。又比如说，假如你因为哥哥打妹妹、推妹妹而惩罚他，那么现在请你换一种做法，也就是每当你看到兄妹俩哪怕能在一起好好玩上一小会儿，你也要当即给予正面肯定。

换言之，一方面，请你牢记事先预防比事后惩罚肯定要好很多；另一方面，既然你有时候也免不了会惩罚孩子，那么在你出手之前，请稍微用点心思，想一想怎样才能更好地达到目的。

❖ 利用孩子积极表现的心态

最后一条，对你十分有利的一件事情是七岁的孩子在大多数情况下都愿意好好表现。如果他们的一天过得蛮好，他会为自己骄傲；反之，他会为之苦恼。有些孩子在这个年龄已经能够懂得，如果在家里闹得不开心，他自己也有一部分的责任。

5
Chapter

爱动脑，爱思考，兴趣广泛，认知提高——
七岁孩子的兴趣和能力

　　总体上讲，七岁孩子的认知和体能都有了很大程度的提高。他们兴趣广泛，善于有计划地做自己要做的事情。做事比较专注，精神集中，经常沉迷在他感兴趣的事情中。玩耍中比较复杂的智力游戏与协同游戏增多。自主阅读水平增强，阅读范围扩大，比较钟爱桥梁书；漫画书和谜语书备受欢迎。但是这个时期孩子的创造力个体差异较大，而且七岁不是创造力格外突出的年龄段。

1. 玩耍的兴趣

通常来说，你的七岁小姑娘或者小小伙总是有忙不完的事情。他的兴趣非常广泛，可是他的时间却总是太少——要上学，还要写作业。这个年龄段的特征之一，就是孩子很难放下手里做了一半的东西，尤其是他做得正开心的时候就更难放手了，因此这往往让孩子格外觉得没有足够的时间玩。

❖ 沉迷于自己感兴趣的事情

七岁孩子经常沉迷在他感兴趣的事情中，比方说不少孩子会对玩具枪械、漫画书，或者涂色书十分"上瘾"甚至"着迷"。小男孩也好，小女孩也好，常常一连好几个小时沉醉在自己的事情之中，读书、做手工活、弹钢琴，甚至跳绳。和六岁的时候比起来，七岁的他有了更成熟的能力，能单独一个人玩上好长一段时间，因此也就更容易专注于一件事情很久。

❖ 做事有一定的计划性

七岁的孩子还不会像八岁的时候那样，喜欢着手于新奇的或者不同的冒险行为。不过，他们大都已经善于有计划地做自己要做的事情了。男孩子这时对组装图纸和模型已经有了一定的理解，也喜欢用空纸盒子或者电线捣鼓一点点自己的尝试。他还非常喜欢叠些纸飞机然后射来射去。女孩子则喜欢为她的小纸人设计服装，有的还对她五岁时喜欢的涂色、剪贴等活动重新很感兴趣，还有的小女孩能没完没了地剪小纸人。

❖ 喜欢桌面游戏

不论是男孩还是女孩，都喜欢桌面游戏，比方说下军棋、拼拼图、玩纸牌，以及多米诺骨牌，甚至连复杂的"大富豪"游戏也可以试几下了。孩子现在玩这类游戏时的状况，比六岁的时候好了很多，因为七岁的孩子不再那么不可遏制地非赢不可了。六岁的孩子不但很输不起，而且输起来很没有"风度"。到了现在的七岁，他可以"屡败屡战"，一直到他终于赢得胜利。等到明年的八岁，许多孩子已经可以真正和你争输赢了，不但能够承受得了自己的失败，而且也能明白他的对手（成年人）实际上比他更懂得技巧。

❖ 男孩子喜欢神奇的、动作比较大的游戏

很多男孩子喜欢神奇的、奇妙的东西。比如说，在一些有电脑的家庭里，孩子会花大量的时间玩电脑游戏，当然程度各有不同。他们有的会玩一些简单的儿童电脑游戏，有的则可能在父母的监护下玩一些家庭电脑游戏。

如果你问一个七岁孩子，他都最喜欢做些什么，也许你会听到这样的答案："我沉迷于玩枪""我沉迷于玩电脑"，这应该是他们从成年人那里模仿来的话吧。

户外玩耍的时候，你既能看见七岁孩子拿着自己用纸叠的飞机跑得不亦乐乎；也能看到他悠闲而安静地晃悠，或者跟人家聊聊天、过家家、互换各种纸卡什么的。

男孩子还特别对张弓射箭、挥拍打球感兴趣，而这两种动作技巧都需要有转向侧面位置的全新方向感。木匠活也是他的最爱之一，七岁孩子很喜欢"拉拉扯扯"地锯木板。放风筝也需要一定的技巧，自然也是有趣的活动之一。女孩子则忙于跳绳、跳房子、踩滑轮，当然有些也会跟男孩子一样，喜欢玩球。

❖ 喜欢收集小东西

收集小东西现在成了孩子们最喜欢的活动之一，从瓶子盖到小石子都是他们感兴趣的东西。但是，这个年龄的孩子在乎的是数量，而并不注重东西的质量或分类。比方说你去问问他，都喜欢收集些什么样的石头，他可能会这么说："呃，什么都好。"看着一个小男孩在沙滩边上，满心欢喜地往他的小口袋里捡各种各样的小石子，那场景一定能打动你的心。（看来小石头真能迷住好多孩子的心。有一个我们认识的小女孩，仔仔细细地用彩纸包了一颗她最心爱的小石头，作为生日礼物送给了她爸爸。另一个孩子则送了奶奶一整盒子的小石头作为礼物。）

不仅仅是石头，还包括大自然中各种各样的东西，都能让七岁的孩子格外感兴趣。不论是没有生命的东西（例如石头和沙子），还是不怎么挪动的生命体（例如花草树木，以及长满草木的公园），抑或活蹦乱跳的小生命（例如小鸟、蝴蝶，还有家里的小宠物），都能让这个年龄的孩子十分着迷。有一次，我们问一个来自澳大利亚的七岁小姑娘，她最喜欢的是什么，她告诉我们说："这个世界上我最喜欢的东西就是大自然。"还有些孩子喜欢和父母一起搭建树屋，然后在树屋里面玩。

❖ 协同游戏增多，而且需要更多"真的"东西

一帮七岁孩子在一起玩的话，情形和六岁时差不多，只不过他们玩的时候需要更多"真的"东西。如果玩图书馆游戏，孩子会想要用"真的"图书卡来模仿借书还书的整个过程。如果玩帐篷游戏，他会在帐篷里摆上他的小床、小桌、椅子、文具，以及一把玩具枪。不管父母会怎么看他，这个年龄的男孩子就是特别喜欢玩枪。如果玩过家家，除了孩子玩耍的实际细节，他们投入的个人感情也更多了。有些孩子会真的认为自己就是自己假扮的角色：爸爸、妈妈，或者宝宝。因此，如果他扮演淘气的坏孩子，他会真的觉得他**就是**很淘气。如果玩上课游戏，老师也许会惊讶地发现孩子惟妙惟肖地模仿着她的腔调。

孩子的玩要要比以前复杂了很多，他们彼此之间会不断地相互给出（以及接受）游戏该怎么进行、角色该怎么扮演的建议。而孩子在六岁的时候则做不到这一点，因为他们每个人都要按自己的意愿行事，而不太愿意配合别人的要求。

❖ 玩球乃是重头戏

玩球也是许多这个年龄的小孩子的重头戏。他们玩得很认真、很投入，尤其是在成年领队指导下的比赛，许多孩子十分敬畏他们的教练。如果爸爸肯开车往返球场去接送孩子，这会让他格外开心。小队员们非常希望哪怕有一个队友的爸爸能在一旁观看他们的球赛。

有些孩子可能会喜欢踢足球，不过最受欢迎的需要组队的球类活动，当首推篮球。

2. 阅读的兴趣

❖ 阅读水平增强，喜欢自主阅读

在读书方面，典型的七岁孩子处于一个转变的过渡阶段。他仍然喜欢有人读书给他听，但是与此同时，随着年龄越来越大，他却越来越喜欢自己读书了。

许多七岁的小朋友已经有了相当程度的阅读水平了，而且读书很可能是他最喜欢的事情之一。几乎所有的孩子这时都能看得懂故事的梗概，哪怕有些字他并不认识。有些七岁孩子的读书甚至可以堪称"连轴转"，因为他会几乎毫不停歇地一本接一本地读。

❖ 喜欢猜谜语的书

虽然每个孩子喜欢的阅读主题各不相同，但是我们可以肯定地说，他们都几乎无一例外地喜欢猜谜语的书，喜欢"脑筋急转弯"的书。六岁孩子喜欢他说的谜语能被成年人猜中；但是，七岁孩子却会因为成年人猜不中他说的谜语而得意扬扬；等到了八岁，他则会故意误导成年人猜错答案。

幽默感在这个年龄段并没有太大的进展。七岁孩子当然会对非常有趣的幽默露齿莞尔或者捧腹大笑，但是让他自己来开玩笑却并非他的强项。然而另一方面，谜语所带来的智力游戏中的幽默情趣，却受到了几乎所有这么大孩子的青睐。这种跟六岁时的呵呵傻笑明显不同，标志着孩子登上了又一个更加成熟的台阶。

❖ 钟爱桥梁书

妈妈给家里年幼的弟弟妹妹读些学龄前儿童的图画书时，有的七岁孩子还是愿意听一耳朵。不过如果让他自己来挑书的话，他通常不再会对这样的书感兴趣。相反，他更有可能会喜欢"我能读书了"系列的书，这些书都是各大出版公司为刚开始自己阅读的孩子所准备的。

有的孩子还会像过去一样继续喜欢有关恐龙的书，但是更多孩子的兴趣已经转向了充满神奇色彩的或者童话境界的故事书。他们尤其喜欢这类书中不可思议的魔法力量，特别是惩罚坏蛋角色时那超人的神奇。男孩子对描写运动比赛、战争（例如《星球大战》等各种非常流行的故事）之类的书非常感兴趣，对讲述飞机、宇宙飞船等方面的书也很着迷。女孩子会花大量的时间分享她们的共同爱好（电视节目肯定是一个好话题），而且她们往往会比男孩子对童话故事、人与人之间的感情故事更感兴趣。男孩子比女孩子对打打杀杀的故事更感兴趣。

❖ 喜欢漫画书

因为孩子大多已经有了阅读能力，所以七岁孩子开始变得对漫画书感兴趣了。虽然等他们再长大些的时候对漫画书的着迷程度会更厉害，但是现在已经有很多孩子非常喜欢看漫画了。诸如《嘉惠尔》这种充满幽默色彩的漫画书最受孩子青睐（译者注："嘉惠尔"是一只滑稽而倒霉的猫，这套幽默漫画书，在 30 多年之后的今天，仍然是孩子们的最爱)。
当然，不同的孩子对不同风格的漫画各有偏爱，还有些孩子
会特别喜欢报纸上的漫画专栏。

3. 音乐、收音机以及电视

❖ 偏爱钢琴

七岁的孩子常常会显露出对学习钢琴的强烈渴望，这种对钢琴的热忱不见得会延续多久，但是，如果父母能允许孩子有短期尝试学习钢琴的体验，可能会有意想不到的结果。有些孩子仍然喜欢带着自己的小小晶体管收音机，走到哪儿听到哪儿。不过，绝大多数的孩子无疑更偏爱电视机。看电视成了七岁孩子的日常生活之一，如果错过一段属于自己的节目，他会十分不开心。父母这时应该明确限制孩子能看多长时间、能看哪些节目。

❖ 痴迷于卡通故事片

许多孩子仍然最痴迷于卡通故事片，包括《史努比》《独角兽》《米老鼠》《摩登原始人》《超人》《星球大战》《帝国反击战》等名片。有些孩子已经可以更上一层楼，观看诸如《尼克》这样的电视节目了。如果家中有电视闭路网络，那么孩子会喜欢看迪士尼频道的节目。不过，通常来说，七岁孩子还不太能欣赏情节复杂的电视节目，除非父母特别鼓动。

对看电影的兴趣，虽然每个孩子都不太一样，但总的来说，比起还没有电视之前孩子们对看电影的兴趣来，现在就差得太远了。一旦真去电影院看电影的话，七岁孩子喜欢音乐故事片、动物故事片，也许还有西部牛仔片。当然，绝大多数孩子都"痛恨"爱情故事片。

4. 孩子的创造力

❖ 个体差异明显

每个孩子的创造力都各有千秋，而且他们在这方面的个体差异估计比任何其他方面都更为明显。看来，孩子的天赋——当然也是源自父母的——对孩子的个体影响比年龄段对孩子的影响更为明显。我们既有很富创造性的父母，也有不那么富于创造性的父母；我们既有很富创造性的孩子，也有不那么富于创造性的孩子。有些家庭，不但家里用的热锅护垫是自己亲手做的，甚至连锅都是自己制作的；另有些家庭，他们的创意不在于自己动手，而是通过语言表达得到充分展示；更不消说，有的孩子擅长挥笔作画，有的孩子擅长弹奏乐器（哪怕只有七岁），有的孩子擅长语言表达，还有的孩子则擅长人与人之间的交往。

❖ 七岁的创造力较其他年龄段不太突出

一个正常的、富于创意的孩子，到了七岁的时候，在艺术表达方面展现出来的创造力，会显得有些沉寂，除非他是一个天赋卓绝的人。孩子从学校带回家来的那种纵笔恣意的大作，比过去明显变少了。家里也不再到处散乱着孩子的画作和其他各种创作作品。当然，只要孩子做了出来，你就应该仔细收好，珍藏起来。任何的创造，都会要求创作者的创新思维，都会要求创作者的创新意愿和能力，尽管这些能力需以不同的方式来表达。然而，由于七岁孩子往往具有"因循守旧"和"追求完美"的特征，这就显然会相当程度地限制孩子创造力的发挥。

我们不妨这么说，虽然一个真正具有创造力的孩子在任何年龄段都能体现出他的创新能力来，但是，七岁恐怕不会是孩子的这份创造力能显得格外突出的年龄段。

5. 身体方面的能力

❖ 身体的协调能力增强

通常来说，七岁孩子身体动作的协调程度，比起六岁孩子来，又前进了一大步。他现在不会再被一段绳头绊倒了，也不会再轻易撞到什么东西上去了，他的胳膊和腿这时也不再总是抡出去老远了。七岁的小朋友，不论是男孩子还是女孩子，都变得更安详、更内敛、更谨慎，而且也不太会再像六岁的时候那样，不狠狠动弹一番就浑身难受了。他现在对高度的认识也比过去更加清晰了，因此在做爬高、爬树之类动作的时候，变得比过去更加小心了。

❖ 动作准确、简洁、直接并且控制力增强

七岁孩子的身体姿势比六岁的时候要绷得更紧一些，也更偏重于某一个侧面。比方说，当他趴在那里写作业的时候，他的身子往往斜斜地倾倒在他不写字的那一边的胳膊上，脸几乎都能碰到他的课桌，而且他还往往能保持那么一个姿势很长一段时间。此外，这个年龄段孩子的动作常常是准确的、简洁的、直接的，而且是比较有条理的。在家里他最常见的动作，是身子趴在地板上，胳膊肘撑着头，一边晃悠着他的腿，一边读书、写字或忙活着什么。

在需要肢体大动作的运动方面，七岁孩子显得相当谨慎，但并不是惧怕。玩棒球的时候，大部分男孩子挥棒打球的动作比抓球的动作做得更好。侧过身来张弓搭箭，然后小心射出箭羽，这样的游戏也自有它特殊的吸引力。另外，七岁孩子的体能也有了进一步的提高，冬天的时候已经可以开始享受滑雪和滑冰的乐趣了。

❖ 眼睛更容易聚焦，双眼配合能力增强，但是视点移动尚不流畅

视力方面，七岁孩子也比六岁的孩子更容易聚焦目标。如果他看不清楚什么东西，他往往会想办法缩短距离，要么把东西拉到自己面前来，要么自己倾过身子去，好仔细看个清楚。他也倾向于限制他自己的视线，刻意留意那些和他看到过的东西相似的物品，好让自己看得更明白些。他看得是那么的仔细，似乎恨不能把他自己也伸到他正在看的那件东西里面去。

因此，这个年龄的孩子做事情的时候往往会全神贯注，虽然他仍有随便看到了什么东西都要摸一下、把玩一下的倾向。当他关注某件东西的时候，一只眼睛主导，另一只辅助眼睛配合，双眼共用的能力显然又有了进步。

不过，对于视点周围的东西，七岁的孩子反倒不像六岁时那般更容易注意到。由于没有留心他视点旁边还有别的东西，因此孩子跑过去看他想看的东西时，会有可能被他没有注意到的东西戳伤眼睛。

还有，七岁孩子的视点从近处向远处移动时有些吃力，所以他在学习的时候，应该要么专注于黑板，要么专注于课

桌。老师不应该要求这个年龄的学生坐在自己的课桌前，远远地抄写黑板上的东西。七岁小朋友的眼睛很容易感到疲劳，因此要尽量避免让孩子太过长久地专注于一件事情。

❖ 牙齿发育

在过去的几年当中，孩子的小牙仙们一直相当活跃，许多七岁孩子已经换上好多颗恒牙了。六岁的时候，一般来说不论男孩还是女孩，下腭中心的下门牙的地方都已经长出了恒牙，而且也长出了六龄齿，也就是第一颗恒磨牙。到了六岁半的时候，大多数孩子上腭中心的上门牙的地方也长出了恒牙，下门牙两旁的侧切齿的地方也长出了恒牙。上门牙两旁的侧切齿的地方，大约在七岁左右长出恒牙。不过，孩子往往需要等到八岁，才能够长齐上下左右的四颗侧切齿恒牙，以及四颗六龄齿恒磨牙。

6

Chapter

思维进入具体运行阶段——

七岁孩子的心智成熟

依据格塞尔博士的观点：行动本身体现心智，即心智由一个人所做的几乎所有的事情表现出来。所以，我们可以通过分析七岁孩子的具体行为表现，来感知这个年龄段孩子的整体认知水平。七岁的孩子在时空感知和语言、运算等方面有了更进一步的发展，思维也进入了皮亚杰所谓的"具体运行阶段"。家长们应该遵循孩子的行为年龄特点，给他们提供一个既能够激发潜质又轻松愉快的环境，让孩子在放松的状态下健康发展。

1. 行动本身体现心智

长久以来，学者们一直在辩论着心智和身体的关系。这两者到底是有些人认为的两个完全独立的实体呢，还是实际上二者本为一体，是相同的东西？人的身体活动，例如所思所言，是否也是心智在运用中的一个表现呢？

如今看来，越来越多的人认同我们的看法，也就是著名儿童行为研究学者阿诺·格塞尔博士所坚持的观念：心智和身体不是可以割裂开来的两个部分；人的心智通过他身体各部位的几乎所有的行动本身呈现出来，而且从婴儿时期就一直如此。

至于我们自己，也始终坚持格塞尔博士的观点，行动本身体现心智；心智由一个人所做的几乎所有的事情表现出来。一个孩子的肢体行为，比方说他扔出一个球，就是他的心智和身体一起运作的一个实例，正如他说话也是一个实例一样。甚至，孩子在渐渐长大的过程中性格方面的重大变化，比如说，七岁的孩子明显地变得内敛，其实也是心智在运用的一种表现、一种彰显。

在这一章里，我们将针对孩子对时间与空间的感知、阅读写字与算术、语言与思维、死亡与神灵、道德感与性意识等方面，提供一些详细的说明。之所以这些内容要单独分离出来另写一章，只不过是因为在很多人看来，一个人的所思所想，和吃饭、睡觉、玩耍以及与人交往等是很不同的行为。实际上，从某种层面上来说，说话的行为和爬树的行为没有什么本质上的区别。这两种行为，都是由大脑驱动一定的身体部位所做出的某种表现。

孩子的心智，并非仅仅是长在脑袋里面的一个独立的东西，也并非仅仅具有提供说话以及所谓的思考（现在的流行术语又叫作认知行为）的功能。

2. 对时间的感知

　　七岁孩子对时间的感知，不论从兴趣上来说还是从能力上来说，都有了一个飞跃。通常情况下，六岁的孩子往往还不会认表（译者注：这个表是指老式指针表，而非现代数字表）；但是到了七岁，大部分孩子都已经能完全说得出表盘上的时间了。他不但能知道现在是几点，而且还能说得出现在是几点几分，或者是几点差几分，当然也能知道一个小时有多少分钟。许多这个年龄的孩子十分渴望能够有一个属于自己的手表。

　　七岁孩子也通常能说得出今天是几月几号，属于什么季节。他也知道了自己的生日是在哪月哪日。

　　对时间段的感悟力，也日渐增强。不过，依照七岁孩子做事情磨磨蹭蹭的典型特征，他做事情往往会拖拉到一段时间快用光了的时候，才会赶紧匆匆忙忙地做出来。

许多这个年龄的孩子，往往会没有道理地担心自己会迟到，而且还真担心得要命。如果你家孩子向你流露出他的担忧，那么你最好的应对，就是跟孩子一起把早上的事情都一件一件梳理一遍。告诉他说，大清早你一定会叫醒他，而且留给他充足的时间；他的衣服你也会替他摆好（如果你还需要替他这么做的话）；早饭你也会按时准备好。总之，这些都是你能做得到的事情。至于他自己怎么想，那就是他的事情了。

七岁孩子喜欢计划好他一天的时间顺序，正如他现在愿意知道一年之中季节和月份的交替顺序一样。孩子经常会问你，离他的生日或者圣诞节还有多少日子。有一个小女孩，畅想未来她十六岁时会怎样，对我们感慨道："那真是要等很久很久，一年我都觉得太长太长了，更何况要等九年呢。"

七岁孩子的口头禅"我忘了"，也表露出孩子对时间感的特别兴趣，因为这句话的意思就是说："我刚才还记得的，只不过现在不再记得了。"

3. 对空间的感知

七岁的孩子往往是内向的而不是外向的，他的空间感也是向内的而非向外的。尽管如此，这个年龄的孩子在他熟悉的空间内仍有不错的方向感，比方说在家里、学校、教堂、街道等地方。他对社区内的环境也相当感兴趣，比方说附近的小店（尤其是那些可以用掉他的零花钱的便利店）、警察局、消防局、医院等位置。

如今的孩子，和过去相比，对太空旅行显然感兴趣多了，虽然有不少孩子对这方面的兴趣已经过了劲儿。但是，在学校里上课的时候，对遥远的时间和空间的理解毕竟还很有限，尽管有些孩子依然会想要找到自己在这个世界上的定位。比如说，一个小女生就问过这么一个问题："我是从几岁的时候开始知道，除了这里之外还有其他地方的呢？"

七岁孩子对宇宙空间也显露出特别的兴趣来：地壳、地热、炽火、太阳、陨石等等。他也可能对水的各种形态变得很感兴趣：瀑布、溪流、海洋。有的孩子甚至希望能挖个深井穿到地壳另一面的中国去。

4. 阅读能力

在过去的一年里，孩子的阅读能力有了巨大的进步，不少孩子这时候已经开始享受自己默读的快乐了。在学校里，孩子会喜欢在书上做一个记号，以方便自己记住已经读到哪里了（译者注：美国小学生在课堂上有自由阅读时间，而且还有小学图书馆供孩子们每星期更换一次自己喜欢的课外书）；回到家里，他则可以在父母允许的时间范围内一口气读下去。

整体上来说，七岁孩子已经能够快速而准确地认读出大部分的常用词汇了。不过，认读的过程仍然有些机械，而且会出现不少错误。于是，他读书的时候有可能在句子或者段落的末尾不懂得停顿一下，而且常常会自己凭空添上一些字词，也会漏读一些字词。

碰到不熟悉的字词的时候，七岁孩子不太喜欢自己费劲拼读出来，因为他不愿意打断自己的阅读，所以会更愿意有人帮他读出来。如果没有人帮忙，那么他有可能会借助字形猜测。

典型七岁孩子的特点，是他不再像六岁时候那样以赢过他人为动力了，相反，他更有意愿把事情做成、做好、做完满，而且也愿意让父母或者老师对他感到满意。因此，当他阅读不顺而需要帮助的时候，他变得比以前更愿意接纳别人的指正。六岁的时候，如果你在旁边指出他的阅读错误，他会越来越生气，甚至跟你恼羞成怒。现在到了七岁，他却很可能愿意你矫正他，愿意再来一次。而且，他在这个年龄特有的坚持不懈，也会在这里起到正面的作用。

不过，如果你发现孩子实在读得错漏百出，妈妈最好让孩子暂时休息，另换一个时间来读。请父母记住，七岁的孩子很容易感到疲倦，而他又偏偏不知道自己关照自己，不知道放宽对自己过度的要求，因此，这就需要另外有人来帮助孩子，给孩子以必要的关照。

5. 书写能力

❖ **书写渐渐规范**

孩子需要长到八岁才有能力学习连笔字，不过在此之前，七岁孩子书写正楷的能力已经相当不错了。而且，七岁孩子书写正楷的兴趣也十分浓厚。比方说他会注意到大写字母和小写字母的不同高度，虽然有时候仍然不可避免地越写越大，以至于一张纸上开头的字和后来的字大小相差很多。

❖ 书写名字

六岁时有的孩子就已经能够拼写得出自己的全名来；现在到了七岁，则没有哪个孩子做不到了。字母左右写颠倒和写错的情况也几乎不再出现。总体上来说，七岁孩子写的名字，大写字母和小写字母不再混淆，每个字母的个头也相当均衡，姓名之间的字距也符合规范。书写的大小均匀以及一排字沿着直线写整齐的能力，女孩子要比男孩子先行一步。

虽然都会写自己的名字了，可是七岁孩子都还不会写住址。实际上他还不明白住址是什么意思。如果你问他家住在哪里，他能够说得出来，可是这并不等于他有能力把家庭住址一笔一画地写出来。大多数的孩子要等到八岁才有能力做到这一条。

❖ 书写数字

现在说说孩子写数字。大多数的七岁孩子已经会自己组合数字写到二十甚至更多了。数字的大小现在变得比较均匀了，而且也终于能够写成整齐的一排了。数字的颠倒也很少见，不论是数字左右方向的颠倒，还是个位数和十位数的颠倒，都很少出现。现在他们写 12、13、14 等的时候，也很少再先写下 2、3、4，然后再补上 1 了。

七岁孩子写的数字，比六岁时个头小了很多，能够小于 1 厘米高了。数字与数字之间的间距，也比过去掌握得好了很多。

❖ 铅笔

孩子拿铅笔的动作，虽然比六岁的时候松了一些，但是仍然捏得很紧，而且仍然会捏住靠近铅笔头的地方。可是另一方面，虽然他把铅笔捏得紧紧的，可又总是会突然松掉。因此，七岁孩子写作业的时候，铅笔常常反复地掉下来。

另外，七岁孩子特别喜欢铅笔，一盒铅笔可以是最受欢迎的圣诞礼物。他会急不可待地拆开包装，看到铅笔的时候会欢声大叫"铅笔"！等他再看清楚了铅笔杆上居然还印着他的名字，那就更要欣喜狂呼了："上面还有我的名字！"

6. 算术能力

❖ 数数

大多数七岁孩子已经可以数到 100 了，而且是以一个一个、五个五个、十个十个的不同数法数到 100。

❖ 加法

七岁孩子通常都能够正确计算 20 以内的加法。少数几个孩子会出现加一或者减一的错误，这表明她还依然停留在以一进制数数的阶段。有些能力高的孩子，已经开始喜欢心算不同数字的加法组合，尤其会喜欢相同数字的加法（例如3+3）；如果碰到难度比较高的加法，他会动脑筋把大数目掰成能够对付的小数目来做。

❖ 减法

七岁孩子通常都能够正确计算 10 以内的减法。他会从大的数目倒着往回数，也会找出减几之后的余数。七岁孩子已经会心算多种减法组合了。

写作业的时候，如果同一张纸上有加法也有减法，七岁孩子往往很难正确地从加法换到减法，从减法换到加法。他常常要么都做成了加法，要么都做成了减法。

❖ 简单的分数

教七岁孩子学习最简单的分数，需要用实物来讲解，比方说把一个东西分成二分之一、三分之一、四分之一。他们通过这样的学习，可以明白 5 分币等于 5 个 1 分币，1 块钱等于 2 个 5 毛钱。

❖ 100 以内的序列数

大多数的七岁孩子已经能够理解不同数位上数目的不同概念了。也就是说，他现在能够理解 444 中的每一个不同数位的 4 都代表了不同的值。

❖ 大小和形状

七岁孩子已经理解了大小与形状，包括简单的比例数。比如四倍的重量、两倍的高度、几乎一样旧等等。七岁孩子很喜欢玩各种形状的组合，尤其是按照一定的顺序有规律地排列各种形状组合。

❖ 孩子的算术能力存在较大的个体差异

毫无疑问，上面所有的这些内容都只是一个概论。在了解孩子这些总体能力的同时，我们也必须理解，每一个七岁孩子的算术能力进程都各不相同。有的孩子善于猜测，而且往往猜得相当准确，哪怕出了错，也不过多加了一个 1 或者多减了一个 1。另外还有些孩子则需要使劲想，如果你问他一个口算问题，他会偏着脑袋不动，眼睛斜斜地望向天花板，想啊想。假如你问他答案是怎么想出来的，有的孩子会说"我用脑子想出来的"，有的孩子则觉得不知道该怎么描述他是怎么想出来的。例如，有一个小男孩，他妈妈问他9+6是多少，他先是开始数数，"1、2、3、4、5、6、7、8、9"，然后却啪地把他的两只手捂到了眼睛上，看上去想得很辛苦的样子。终于他得出了正确的答案：15。可是，我们问他怎么得出的这个结果，他的回答却是这样的："我数到了9，然后我就要使劲想。我眼睛睁着的时候想不出来，所以我只有把眼睛闭上，狠狠想。"

就是这个小男孩，他有一段时间所有的减法都错得一塌糊涂，可是后来忽然他就全都算对了。我们问他这是怎么回事，他告诉我们说，开始的时候，他不知道该怎么做，因此总是胡乱写上一个数字；后来他终于发现别人是怎么做的了，他立即就全部都会做了。不过也有一些孩子，开始的时候一切都蛮好，可是算到后来却忘了该怎么做下去了。

7. 语言与思维

　　"人的心智通过他身体各部位的几乎所有的行动本身呈现出来"，这是已故的阿诺·格塞尔博士的一句很著名的话。和皮亚杰不一样，他并不认为所谓心智能力或者认知能力只局限于通过语言所表达的内容体现出来。

　　由于七岁是一个以思考为特征的年龄段，因此，在孩子这个内向的、审慎的阶段，我们所看得见的孩子心智的运作，也许比他一生之中的任何其他阶段都要多。我们在这一本书中所描述的所有行为，几乎全部都是讲的心智运作，至少在我们看来就是如此。

❖ 语言运用越来越精确

我们注意到孩子的语言运用越来越精确，他努力想要正确地表述事物。例如，有人对一个小女生做了一件善意的事情，她是这么对他说的："你真好。"然后她又修正她的表达："你真的很好。"七岁还要求别人也要表达准确，比如说，一个成年人路经一处圣诞表演的时候，说了一句："你瞧那些人多会动脑筋。"他旁边的七岁孩子却这么矫正了他："那是三个人。"

❖ 开始使用大量的形容词

在这个年龄段里，孩子说话的时候开始使用大量的形容词，使得他的话语变得相当生动："可怕的""吃惊的""沮丧的""明显的"……有时候，他还可能说出些让人觉得很成熟的话来："那让我尴尬至极""我觉得十分难堪"等。另外，"当真"这个词，也是七岁孩子使用频率很高的一个词语。一个和我们很熟的七岁小男孩告诉他来访的奶奶："这话当真，我爸爸真的对小猫过敏，所以我们家房顶上才住了一只老鼠。"

❖ 负面或者否认的表达

由于七岁孩子的言语表达常常偏于负面基调，所以，他频频使用"不"这个副词："我做不到""我不知道该怎么办""我想不出来""我不知道是什么意思""我要是记不得了该怎么办"。

七岁孩子还能使用出不少拒绝或否认的表达："我不曾有过那东西""我从没做过那样的事情""我根本就没听说过""我也正打算这么想""呃，你稍等一下"……

另外，还有不少他对自己的表现感到不满的说法："我这是怎么了""这算是个什么名堂啊""弄弯了""怎么就弄不直呢""这下子糟糕了""我弄不好这东西了"等。他甚至开始用贬低自己作品的方式，来寻求别人的表扬，而且这种行为越接近八岁就会越多："这东西做得不怎么样，对吧？""我做了，可是一点儿也不好。"

还有，一点不夸张地说，这个年龄段的孩子，言谈中总是少不了牢骚与抱怨。前面我们已经讲到，七岁的孩子总归会有很多的冤屈，诸如别人不喜欢他、别人一肚子坏水、别人对他不公平、别人不肯跟他玩等等。

❖ 抽象思维的痕迹

七岁的小学生对一个词的写法和意义开始感兴趣，而且开始喜欢用带图像的字典，他可以指出两个不同的物体有哪些相同点。他开始把思考和自己的头脑联系起来："你必须用你的脑袋好好想想""我的脑子里跑出这么个想法来"。这个年龄的孩子跟别人的语言交流已经可以不局限于面对面的对话了，他也有了利用电话跟朋友沟通的能力了。

❖ 对死亡、神灵的理解

针对死亡、神灵等这些基本概念，以及重要节日，例如圣诞节等，我们发现七岁孩子的看法是这样的：

在宗教气氛比较强的家庭里，许多孩子这时候仍然坚信所有关于宗教的教诲，而且没有半点疑问。他完全相信如果一个人死了的话，"他的身躯进入泥土，他的灵魂升入天堂"。有些孩子对家庭成员之间的关系越来越感兴趣，因此开始明白一般来说越年老的人越会先死去。也就是说，如果祖父母死了的话，接下来就会轮到父母，再接下来则会轮到他自己了。虽然有些孩子仍然不认为自己也会死，不过也有的孩子已经可以这么对我们说了："对我来说那是正常现象。"

不少孩子在六岁的时候似乎特别害怕自己的妈妈会死掉，不过等他到了七岁，一方面他又有了很多让他担心的事情，可是另一方面他却不再怎么担心这一层了。

对于死亡，有些孩子显得有些浑不在意，有的孩子则对导致死亡的原因十分感兴趣：年老、疾病、暴力。他也同样显露出对尸体、坟墓、葬礼等的浓厚兴趣来。

而在那些没有多少宗教气氛的家庭里，有的孩子开始对宗教性的教诲表达出相当程度的怀疑，而且开始觉察到别人告诉他的跟他自己"知道"的不太一样。例如，有一个小男孩这么对我们说："我从来就没有看见过神！"另一个孩子还这么问我们："神是怎么进到天堂里去的？""他怎么可能同时看得见所有的事情、同时出现在所有不同的地方？"

圣诞节对大多数孩子来说仍然是一个很有实际意义的重要节日。七岁孩子对他向往的礼物已经有了很明确的想法，而且如果得到的不是他想要的礼物的话，他会感到非常失望。到了这个年龄，有的孩子仍然笃信有圣诞老人，有些则开始不这么想了。不少孩子已经隐隐约约知道圣诞老人其实不是真的，但是大部分孩子尚不愿意听到这个事实。好多孩子继续会放些点心或牛奶给圣诞老人留在外面，以备他万一来了能有点儿吃的。

❖ 思维的具体运行阶段

按照瑞士心理学家皮亚杰的说法，许多七岁孩子的思维已经处于"试运行"阶段的尾声了。皮亚杰认为，孩子从两岁到七岁的思维属于"试运行"阶段。在此之后，孩子会进入皮亚杰所说的"具体运行"阶段，也就是孩子从七岁到十一岁的这一阶段。根据皮亚杰的定义，在"试运行"阶段的孩子认为自己是整个世界的中心，而且认为任何会动的东西都是有生命的东西。他也会把有些事情的发生理解成跟他的意愿有关："我想要下雨，就下雨了。"他甚至还相信物体和自然现象都会跟人一样有情绪，有思维，"云生气了，就下雨了。"他也会以神奇魔力来看待很多事情。

一旦到了"具体运行"阶段，也就是从七岁左右开始，孩子既可以看到物体之间的相同之处，也可以看出它们的不同之处。他能明白容器形状的改变并不会造成量的改变，也开始理解数量的意义。如果你把十个石子摆成一排，另外再把八个石子稍微拉开一点也摆成相同长度的一排，他也能分辨得出哪一排石子数量更多。

皮亚杰并没有把抽象思维阶段的开始时间放到十一二岁左右，不过，根据我们以及其他学者的观察，不少七岁孩子已经或多或少开始有一定的抽象思维了。

8. 道德意识

❖ 具备一定的道德标准

七岁的小朋友是好孩子。尽管他并不完美，但是他已经有了一定的道德标准，而且尽力想要按照这个标准行事。他为他的"好"表现而自豪，也为他的"坏"表现而担心。

七岁孩子已经相当明白不该去拿属于别人的东西，虽然他有时候还是克制不住自己。碰到事情时他有意愿尽力说实话，他也显然很在意别人撒谎、欺瞒、耍赖等错误行为。他把自己的错事推到别人身上去的做法，也比过去减少了。如果兄弟姐妹或者朋友触犯了什么道德条律，他还会很快跑去告状。他也很善于替自己开脱："我不是故意的""我忘了""我正要去做""我不是那个意思"。

❖ 公平标准

公平对七岁孩子来说非常重要，有的似乎已经意识到某些被他称之为"公平"或者"运气"的事情，是人所控制不了的。如果碰到什么不如意，七岁孩子往往会抱怨"不公平"，别人若要想劝他改变想法并不容易。不过，他已经有可能会听听别人的理由，然后不太情愿地同意别人了。七岁孩子的心里，的确有了一定的行为标准，而且他竭力想达成之。因此，至少有些时候，他已经是一个很讲道德规范的小少年了。

❖ 好与坏的标准

七岁的孩子对好与坏的想法，开始有了一点点抽象思维的痕迹。好与坏的标准，不再仅仅是爸爸妈妈允许或不允许的具体事情，而开始渗入了一定的抽象概念。我们来看一个七岁的小姑娘写下的一份清单，分别列举了她所有"只顾自己"（自私）的事情和"顾及别人"（不自私）的事情：

只顾自己的事情

1. 用我的手抓煎鸡蛋吃。

2. 说"哇"。

3. 对妈妈粗鲁地说："偏要你做！"

4. 顶嘴。

5. 弹钢琴之前不去洗手。

顾及别人的事情

1. 听从妈妈的要求，把客厅地板上的东西捡起来。

2. 愿意上床，而且很快睡着。

3. 没有忘记关上洗手间的门，好保持里面的暖和。

4. 在图书馆里没有大声说话。

5. 安娜过来找我的时候，我赶紧从冰箱后面走了出来。

6. 把我的眼镜收到了盒子里。

7. 读书的时候记得戴上了眼镜。

8. 穿衣服的时候没有磨蹭，很快就穿好了。

9. 穿过马路的时候我查看两边。

七岁孩子对属于自己的财物变得比过去更加在意，随手乱扔的现象比过去少了很多。他甚至肯帮忙收拾自己的屋子了。"属于自己的东西"这一观念，这时显然已经扩展到了上学用具之上。比方说，他很喜欢能有一个属于自己的书包，里面装着属于自己的铅笔、橡皮等他需要的东西。孩子和别人交换东西的兴趣也相当浓厚，只是这种孩子间的交换常常是"平等交换"，而不带有"贸易"的性质。

❖ 零花钱

孩子在这个年龄对零花钱的兴趣也逐渐增加，不过有些孩子总是存不住钱，就好像钱会自己打个洞从裤兜里逃掉似的。当然，也有些孩子已经能多少存得住一点钱了。绝大多数的孩子这时候都还不善于管理零花钱。

9. 性的意识

由于电视的影响，还有现在提供给孩子们的越来越坦率和详细的书，七岁孩子获取有关性方面的知识，比以前容易了许多。可是，尽管孩子看到了不少图片和文字，理解这些东西还是需要时间。因此，许多七岁的孩子，至少是那些从小在防护得很严密的环境中长大的孩子，对有关交配的细节既不理解也不感兴趣。他们大多满足于最基本的观念，也就是爸爸的一颗种子和妈妈的一颗种子，碰到了一起就形成了宝宝。孩子还并不关心爸爸的种子怎么就能到了妈妈身体里去。

❖ 对小宝宝的兴趣增强

尽管如此，七岁孩子对小宝宝的兴趣比过去浓厚了不少，而且他们大多已经知道宝宝是在妈妈肚子里长大的。孩子有可能问些问题，包括妈妈怎么会知道自己肚子里有了一个宝宝、宝宝要长多久才能生出来、他是怎么生出来的……还特别好奇要花多少钱才能生宝宝。一个妈妈回答了这个关于费用的问题之后，她的小少年忍不住惊讶道："这太不可理解了，那宝宝不是在你肚子里长大的吗？"

这个年龄的孩子对怀孕的关注也比过去多了。他有可能会在妈妈怀孕早期就问这样的问题："你怎么了？你怎么跟平常不一样了啊？"等到了怀孕后期，他可能会喜欢摸一摸小宝宝怎么踢妈妈的肚子。大多数七岁孩子都明白女人可以不止怀孕一次，而且知道年老了的女人是不会怀孕的。很多孩子对他们自己出生时的故事显得非常感兴趣。

❖ 更有隐私意识，对性游戏的兴趣存在很大的个体差异

不少父母会发现，随着孩子由六岁长到了七岁，他对性的兴趣变得越来越隐含，越来越知道缄口了。跟性有关的一

些小动作也越来越知道隐秘，哪怕是在比较宽松甚至纵容的环境里。有些人相信这一段时间应该是孩子"性趣"潜伏的时期，不过，我们却认为孩子的兴趣和行为恐怕要比持这种观念的人想象的要更多。不过，和六岁比起来，针对有关性方面的问题，七岁孩子的提问的确少了许多。

对性游戏的兴趣，孩子跟孩子之间有很大的个体差异，有些性驱动很强的孩子，或者他的朋友特别喜欢玩性游戏，那么这孩子有可能仍然对性游戏过于上瘾。不过，公开的性游戏，和六岁孩子相比，这时少了很多。实际上，七岁孩子变得更有隐私意识，穿衣服或者洗澡的时候，开始避着比自己更小的异性兄弟姐妹。比如有一个小姑娘会对他弟弟说："你知道吗，人家喜欢有自己的隐私。"另外，"厕所词汇"等跟性有关词语的使用量，也比六岁的时候少了很多。当然，有些孩子还是会用这些词汇来骂人。（译者注：对"性"感兴趣，是孩子性意识的萌芽。到了四岁的时候，孩子进入第一次"性趣高峰"，他喜欢玩自己的肚脐眼，喜欢看人家蹲马桶，甚至喜欢两个小密友在一起脱了裤子和衣服，研究对方的小身体，也就是玩"性游戏"。可能是男孩和男孩一起玩，也可能是男孩和女孩一起玩。到了六岁时，孩子进入第二次"性趣高峰"，对"性游戏"的热情更炽。玩法当然很稚嫩，比方说"当医生"，拿只蜡笔插到对方的小肛门里"量体温"。父母应该怎么对待，这套书里《你的 4 岁孩子》第九章第十三问、《你的 6 岁孩子》第十章第十五问，均有详细解说。）

10. 投射法：测验孩子的心智

　　有一种特殊的心理测试，我们称之为投射法人格测验，可以用来测验一个孩子的心智。投射法测试是一种没有正确答案或者错误答案的测试，接受测试的孩子或者成年人，通过一种比较不定型的媒介，投射出他的个性特征、思维以及感受外界的方式。

　　最为著名的一种投射法人格测验，是罗夏墨迹测验。在测验过程中，我们给孩子看一系列的图片，每一张图片上都印着形状不定的墨迹，有些墨迹带有颜色，有些则是黑白墨迹。我们会让孩子告诉我们，他觉得那墨迹看起来像是什么。从他的应答内容，我们自信可以相当准确地测定他是一个什么样的人，在他眼里这世界又是一个什么样的世界。

通常，不同的孩子会看到不同的东西，而且不同年龄段的孩子看到的东西种类也不一样。因此，任何特定年龄的个性特征似乎都能通过孩子们对墨迹测试的应答表现出来。

典型 7 岁孩子的应答证实了我们通过其他很平常的途径观察所得。我们看出了孩子对恐怖和暴力的偏好。正如以下这种情形：一个无论在家还是在外边玩耍的七岁孩子若总是萎靡不振、郁郁寡欢，而不是开开心心、快乐阳光，那么在墨迹测试的过程中，那些相对比较中性的墨迹往往被他看成被杀的人、受伤的人、因疼痛尖叫的人、毒蜘蛛、血滴、死蝙蝠等等。

这种典型的回应让我们相信，七岁孩子对血腥、对恐怖色彩的偏好，并非仅仅是由于受到了广播、电视、电影、漫画书等的影响，而且还应该是这个年龄的孩子看待生活的一种正常的体现。

7

Chapter

师生感情关系着孩子对学习、学校的兴趣——
七岁孩子的学校生活

学校和家庭，现在成了两个相互独立的半球。由于这个年龄段的孩子个个都是"小担心"，所以秋天开学的时候有可能会因担心功课"太难了"而不愿意回去上学。孩子在学校里是否能学得好，这很大程度有赖于孩子跟老师的关系。这个年龄的孩子，往往是一个认真而用心的学生，但是他常常给自己提出太多的要求，追求完美主义，所以有时候会把自己累倒。作为老师，要充分了解这个年龄段学生的典型行为和特点，才能够在课堂上更恰当地把握尺度。另外，家长也要观察孩子对学校的各种反应，判断孩子的成熟度，以便为孩子选择更适合的年级。

1. 七岁孩子在学校的表现

总的来说，到了秋天开学的时候，七岁孩子不太会不愿意回去上学，不过他们有可能会担心二年级的功课"太难了"。如果在一年级的时候学校能够组织几次和二年级学生的互动，例如快要放暑假的时候，大家一起玩游戏、一起野炊，这将有助于防止和减轻七岁孩子对升入二年级的惧怕心理。

孩子在学校里是否能学得好，这很大程度上有赖于孩子跟老师的关系。在这个年龄段的小学生，往往对老师有了一定的个人感情，而且希望老师能够喜欢自己。

学校和家庭，现在成了两个相互独立的半球。小少年可能不再喜欢让妈妈陪着他去上学，也不再喜欢妈妈到学校来找他，即使是你和一群妈妈一起到学校来看孩子们表演节目，你的七岁少年也可能会假装没看见你。

❖ 写课堂作业的整体特征

七岁的小学生喜欢把他的课堂作业堆在自己的课桌上，而不再像以前那样喜欢拿回家去。大部分孩子在学校里喜欢有个作息日程表，而且能够安下心来认认真真地做课堂作业。和六岁的时候比起来，不论是男孩还是女孩，写作业的时候都变得安静了许多，即使是说话，也更多的是自言自语，孩子间的交头接耳少了很多。只不过，他还是愿意去参考一下邻桌的作业，而且也会频频要求老师的帮忙，甚至失去了等待的耐心，干脆跑到老师的课桌前问问题。（译者注：美国小学的教室里，老师也有一张比较大的课桌，孩子们写课堂作业的时候，老师会做些别的事情；又或者，老师会把自己的大课桌当成一个小组学习台，全班同学做课堂作业的时候，老师可以叫几个孩子围着她的课桌，单独进行小组辅导。另外，上课时学生可以离开自己的座位，去找老师帮忙、上厕所、去拿教室书橱里的书来读、去借用教室的公用电动铅笔刀削铅笔……）

❖ 教师需要灵活掌握授课时间及内容

写课堂作业时、小组讨论时，七岁的孩子常常喜欢把头枕到一条胳膊的前臂上。他做功课时会表现出一时的疲惫，比方说，无聊地推桌子或者干脆站起来，这其实就是给老师的信号，她需要给学生安排一些不同的活动了。孩子的精力在一天的学习当中波动相当大，一会儿精神饱满，一会儿又无精打采，许多孩子都很难做到一整天在课堂上兴趣盎然。老师最好能根据学生疲惫的程度，灵活掌握二年级的课堂时间。这跟三年级不一样，到了那时候孩子才能够受得了日复一日完全相同的时间安排。（译者注：美国小学一整天的课程都由同一位老师承担，包括语文、算术、体育活动等，由老师穿插搭配，以免学生觉得枯燥厌倦。因此，上课时不分第一节课或第二节课，也没有上课铃、下课铃。体育活动一般都按年级有个大致的时间分配，操场上总有人数不多的学生轮流玩耍，所以球场虽小，孩子们却可以玩得很尽兴。二年级以下的孩子，每天有三次体育活动时间，三年级以上的孩子，每天有两次体育活动时间，而且每次都是半小时左右。）

这个年龄的孩子，往往是一个认真而用心的学生，因为他们有"那么多的东西需要学"（借用一个小男孩跟他奶奶所说的原话）。他常常给自己提出太多的要求，再加上他典型的一做起事情来就不知道停歇的特点，每每使得他不知不觉就做了很久，然后他却有可能忽然间累得瘫倒了。所以，小家伙需要有人过来告诉他什么时候该停下来了。

对七岁孩子来说，有些日子顺顺当当，有些日子则相当糟糕；有些日子他一下子能学好多东西，有些日子他能什么都忘光光。一个明智的老师应该善于觉察孩子的状况，灵活调整授课的知识量。而一个聪明的妈妈，则不妨让一个一大早起来就显然什么都不对劲的孩子留在家里一天。在七岁的年龄段里，孩子有时候就是会这样不对劲。

❖ 把玩小东西

七岁的孩子上课的时候喜欢把玩小东西，所以他会捡一些铅笔、橡皮擦、小棍子、小石子放到自己课桌上。每天放学的时候，老师最好能让孩子清理一下自己的衣裤口袋；课桌也应该每隔一段日子清理一下。七岁的小学生常常会拿些不属他自己的小东西，这种行为绝对不能定义为偷东西。如果他拿了人家的东西，你当然要让他还回去；你还应该告诉孩子说，等他再长大一点儿，他自己就会知道不应该去拿属于别人的东西了。

❖ 做课堂作业时的个体差异

孩子做课堂作业的时候，需要老师随时守在旁边。这个年龄段的小学生在写作业时有相当大的个体差异。比方说，有的孩子喜欢在自己的课桌上做老师写到黑板上的作业，有的孩子则喜欢直接在黑板上写作业。七岁的孩子有两个特点请注意，一个是如果你给他混合作业，比如既有加法又有减法，他会做得糊里糊涂；再一个就是，他的眼睛如果在作业本和黑板之间来回转换焦距的话，他会感到很吃力。还有，小男生更愿意口算而不是写出来，小女生则更愿意写出来而不是做口算。另外，对作业纸的偏好也有不同（译者注：美国小学生用的不是订成册的作业本，而是一张一张的作业纸），有的学生喜欢用大格子的纸，有些则喜欢用小格子的纸。还有一个不同，就是有的孩子应答很快，有的则需要额外的时间。一直要等他长到了八岁，一个班级里孩子的这些不同差异才会减少很多，大体上能变得一致了。

❖ 作文

七岁孩子对他的作文需要收尾有了新的觉察："我还要写

多少？""我写不下去了。"这些都是典型的常用语。他喜欢收尾，可是他希望老师来替他设置一个结尾，否则的话他往往会没完没了地写下去。而且，他还希望老师马上给他批改作业："我是不是能得 100 分？""这些做得对不对？"（译者注：美国的课堂作业由老师在她的大课桌前，当着学生的面，当天批改完毕，还给学生。）

❖ 课间活动

课间体育活动的时候，七岁的小学生往往喧嚣着从教室里蜂拥而出。操场上的他要比在教室里的他活跃得多。小同学之间的争执也不少，哪怕老师就在身边也不会收敛。比如说，一个孩子可能去打扰另一个正在搭积木的孩子，或者一个孩子想要一直霸占住一个秋千、一个球、一根跳绳，不肯让给别人玩……

七岁孩子喜欢跟一群孩子一起玩，但同时他也会担心这一群孩子里会不会有人（甚至是老师）不欢迎他加入。他会愿意从小组里站出来帮别人一个什么忙，或者完成一个什么任务，但是他绝对不愿意被单独挑出来挨批，或者接受表扬。当然，整个小组都受到表扬，那则是对孩子们一个很好的鼓励。另一方面，已经形成一组的孩子，的确不太容易接受其他孩子加入，刚开始的时候甚至可能嘲笑、捉弄新成员。再有，七岁的孩子还不那么讲究随大流，因为他们看到别人的不同之处时，还不算太有热情去跟风。

2. 七岁小学生的典型特征及成熟度鉴定方法

❖ 七岁小学生的典型行为与特征

如果你是一个二年级的老师，那么了解一下七岁小学生的下列典型行为与典型特征，一定能有助于你在课堂上更恰当地把握尺度：

1. 七岁孩子总有的一个偏执念头：老师故意对他不好、别人故意嘲笑他、大家没人喜欢他。

2. 太过于担心上学会迟到。

3. 对老师绝对依赖：哪怕最简单的一项作业要求，也要老师特意单独提示他可以开始之后，才肯开始。

4. 一旦开始做一件事情，往往很不容易停下来。

5. 常常对老师的口头指令充耳不闻。

6. 眼睛在黑板与作业纸之间来回移动会让他非常吃力：例如，把黑板上的内容抄写到作业纸上。

7. 一方面，有总要拿个什么东西的癖好，比如铅笔、橡皮擦，甚至去拿属于其他孩子的东西；另一方面，又总是忘记应该带回家的东西。

8. 忽然显得非常疲倦。

9. 想要知道老师的课时安排，也就是说，知道下面还有些什么活动等着他。

10. 对自己的错误很计较。通常来说七岁学生往往知道他没有做好，而且想要做些弥补，这也许就是他不断用橡皮擦来擦去的原因吧。（六岁孩子则不一样，错了就错了，他不见得去改正；要么就连擦也不擦，直接再写上一笔。）

11. 老师不在教室里的时候，没有能力约束自己的行为。

尤其需要我们牢记的重要的一点就是，典型的七岁孩子往往既不外向，也不善于沟通，并不是个开朗的孩子，这跟他去年六岁的时候以及明年八岁的时候很不一样。七岁的小学生往往把各种想法都藏在自己的心底。我们曾经请一个老师向我们展示一下她的学生比较典型的课堂作业，结果她表示不肯，"随便要我给你们看哪一个年级的都可以，就是请别看二年级的。"她认为，二年级学生的不够开朗与不够外向，使得他们的课堂作业很有些拿不出手来。

❖ 鉴别孩子的成熟度

如果你家的七岁小学童在学校里有些跟不上趟，尤其是在阅读以及其他功课方面有些麻烦，那么，在你着手要求孩子要如何更加努力之前，你首先必须好好确认一下，你让孩子上二年级是不是把他拔得太高了。一个孩子应该在学校里上哪一年级，不论是最初的入学还是后来的升级，我们格塞尔研究所的观点，向来坚持要按照孩子的行为年龄来判断，而不是按照孩子的生理年龄来决定。不少七岁的孩子，尤其是生日在九月份以后的孩子，不见得真有能力上二年级。

如果一个孩子在学校里显然有些问题，不论是在升入二年级以前还是在升入二年级之后，请你们参照下面的问题问一问自己，思考一下。如果你的答案大部分都是"是"，那么这很能说明你的孩子肯定是被你拔得太高了，他不适合升入二年级。

1. 孩子是不是不喜欢上学？

2. 他是不是总是唠叨学校的功课太难了？

3. 孩子是不是总是很难以完成老师布置的课堂作业？

4. 放学回到家以后，他是不是很疲倦？

5. 在没有课业压力的暑假里，他是不是好像变了一个孩子？

6. 每天早上去上学，会不会都是一件很麻烦的事情？

7. 早上上学的时候，他有没有哼唧肚子疼，甚至真的肚子不舒服？

8. 开学以后，他的健康状况有没有忽然一个

大滑坡？例如，一个正常的健康孩子，忽然变得
三天两头闹感冒？

9. 孩子在家的日常作息，自从开学以后有没
有发生明显的变化？例如，食欲下降、睡眠不好、
重新又开始尿床等？

10. 本来一个挺正常的孩子，他放学回家后会
不会变得很抗拒、顶嘴、不合作、脾气很坏？

11. 孩子的学习成绩，有没有显得低于老师和
你认为的他应有的能力所及？

12. 老师有没有跟你说如果孩子肯努力的话他
显然能有更好的成绩？

13. 孩子在课堂里、操场上跟同学之间的交往
是不是有些问题？

14. 你孩子的小朋友是不是有不少人都选择了
更低年级？

15. 他的换牙是不是显然比同班其他孩子要慢
一些？

16. 是否他本来是一个挺正常的孩子，但是在
课堂里变得不愿意听老师的要求？比如说他总是
告诉你老师又批评他了、让他坐到教室外面去了、

把他送到校长办公室去了？

17. 他是否会在课堂上做一些感觉很绝望的事情，比如写了一整张纸以后又在上面乱画？

18. 他会不会觉得在课堂上要耐心等待轮到他是一件特别痛苦的事情，也很难克制得住自己不去打扰别人？

19. 他会不会老是在课堂上神游，以至于老师不得不一再提醒他要注意老师在说什么？

20. 老师或者学校里其他人有没有跟你说过，二年级的功课超越了你孩子的能力？

21. 他和同龄其他孩子比起来，会不会显得更幼稚一些？

要确认孩子是不是不恰当地升入了二年级，（其实，不仅仅是升入二年级，任何其他年级都一样），最好的办法就是让孩子接受一个周详的行为能力测试。

为鉴别孩子的成熟程度以及在这个年龄段所应有的行为能力，这里我们把自己常用的几个单项检验标准列在了下面。如果你家的孩子还达不到下列程度，那就是在提醒你，你家孩子应该还不够能力上二年级。

❖ 七岁孩子应有行为能力的检验标准

作业纸与铅笔

七岁孩子写作业的时候，不论是身躯还是作业纸，都会偏向不拿铅笔的那一侧胳膊。那只不拿铅笔的手往往很放松，而且往往用食指和中指按住作业纸的一侧上角。孩子的头有可能弯得很低，甚至干脆碰到了桌面。铅笔捏得很紧，而且手指靠近铅笔尖。

他这时可以把自己的名字以及姓氏写到作业纸的左上角，当然有可能都挤在一个小角落里。大写字母和小写字母的应用现在都已经相当准确，字也都能排列成整齐的一行，字与字之间的距离也保持得很好，和六岁的时候相比，这些都进步多了。

大多数七岁孩子仍然没有足够的能力写家庭住址，但是，我们检测过的 1/3 的学生都能写下当天的日子（译者注：要写序列号，比如"第二十五日"，而不是简单的 25）；几乎全部孩子都能写得出当天的年份、月份；绝大多数孩子能写得出当天是星期几（译者注：英语中一个星期的每一天都有一个特别的说法，而不是简单的星期一、二、三；每一个月都有一个特别的说法，有些类似于中国古代的"正月""仲春"，而不是简单的 1 月、2 月）。

临摹几何形状

在这个年龄，让孩子临摹出圆形、十字叉、正方形、三角形都应该没有任何困难。但是用分割法画出的矩形在外形上还常常不是标准的矩形（ ），内部的两条对角线也常常不是相交于中点。不过，这个年龄的大部分孩子都能够比较准确地临摹水平方向的菱形，以及垂直方向的菱形了。这一点在以前是不太能做到的。

还有一点现在终于可以做得到的事情是，大约有一半的孩子能够将不同的几何形状临摹得大小一致，排成一行，或者一行以上。不过，要画出七种基本几何图形来的话，大多数孩子还是需要半张作业纸才够用。（译者注：七种基本几何图形，指圆形、"十字叉"、正方形、长方形、三角形、菱形和五边形。）

识别身体部位，以及分清左右

我们检测过的七岁学生中，一大半的孩子能指称自己的眼睛、眉毛、手掌、胳膊肘、大拇指；39% 能自己正确指称"食指"，30% 能自己正确指称"中指"，63% 能自己正确指称"指环指"（译者注：我们叫无名指），28% 能自己正确指称"小指",不过他们倒是大半都能说得出那叫"幺儿"或者"小粉红"(译者注:这是美国孩子称呼小指的"幼儿语")。

82%的女生、68%的男生能够分得清自己的左右手。

回答有关个人的问题

七岁孩子不但准确地知道自己几岁了,还能准确地说出他的出生年月日。他也能说得出自己兄弟姐妹的名字以及他们的年龄。

家庭聚会，
选择"短平快"的游戏——
七岁孩子的生日派对

一个典型的七岁孩子，在令他比较愉快的场合之下，常常是一个处事很得体的小家伙。他很喜欢参与到群体玩耍之中，而且能够一定程度地遵守规则，有较好的自我控制能力，这些都是一个七岁孩子生日派对的有利因素。当然在具体的操作过程中，还需要针对孩子的年龄特征，做一些特别的准备。最好安排一系列"短平快"的简单游戏，让孩子来不及"陷在里面"，这样才能够保证生日派对的顺利进行。同时家长也要注意，不要过于强调孩子在派对上遵守规矩。另外，家庭是开生日派对的最佳环境，孩子更容易表达出他们天然的热情。

1. 举办生日派对的有利条件

七岁，似乎属于"内外有别"的年龄段，也就是说，孩子这时候一方面往往跟自己不太过得去，可是另一方面他又很少跟别人过不去。一个精力旺盛的、外向的、争强好胜的四岁或者六岁孩子，往往很难和别人相处得好，可是他自己却并不会因为自己的行为而感到不自在。但是，相对内向而容易退缩的七岁孩子则不一样，哪怕自己并不怎么开心，而且心绪也不怎么稳定，他也不太会给别人带去多少麻烦。基于这个特点，一个典型的七岁孩子，尽管有时候也会和同学以及邻居闹些不高兴，但是在令他比较愉快的场合之下，常常是一个处事很得体的小家伙。

❖ 喜欢群体活动，能有效自我控制

我们发现，在相对正面而积极的社交场合之中，比如生日派对，七岁的孩子往往显得格外与人为善。他虽然有可能在事前或者事后发发牢骚，但是在生日派对的整个过程中，他的举止每每会相当妥帖。再加上这个年龄的自我克制，更使得七岁孩子能相当得体地约束自己，在社交场合下显得十分通情达理。当然，这么做的代价，往往可能是他回家以后会闷闷不乐、满腹牢骚、满心愁苦。七岁的孩子，和六岁时候相比，他不再那么以自我为中心，也不再那么争强好胜；和八岁相比，他也还没那种张狂劲儿；相反，他看来倒是很喜欢参与到群体玩耍之中，例如在生日派对上。

七岁的小朋友不再觉得要非赢不可了，他不但能够跟别人轮流着玩，而且喜欢"轮流"这个概念，也喜欢"遵守规则"这个概念。不过，他也还不会像将来八岁时那般一板一眼地讲究规则，因此他在遵守要求的时候可能只是一定程度地遵守。也就是说，尽管一方面他可能会相对自我约束一些，另一方面他也不会太过苛刻地要求自己，以至于影响到了参加派对的好心情。

❖ 能够一定程度地遵守规则

虽然大多数的七岁孩子都喜欢"遵守规则"这个概念，但是，他还没有足够的能力遵照过于复杂的指令。因此，安排一系列"短平快"的简单游戏，比只安排少数几个相对冗长而且复杂的游戏更为恰当。和六岁时的以自我为中心比起来，七岁的孩子绝大多数都会在生日派对上举止得当。不过，你还是需要给孩子宣泄精力的机会，而且要计划好时间安排，更要小心避免太复杂的游戏。

七岁的小朋友对自己的体力状况往往判断得不太准确，在诸如生日派对的场合下，他可能会因为体力透支而忽然累趴下，因此，生日派对的时间安排得短一些，能有效避免出现这种状况。

七岁孩子的另一个特点，是他会沿着一个念头一直往下走，而且难以终止，因此，生日派对上的活动要能够比较快速地从一个游戏转到另一个游戏上面去，这样孩子来不及"陷在里面"。否则的话，他可能会没完没了地重复同一个游戏，最终会因乏味而没法保持得体的举止。

❖ 性别选择

在生日派对上，最好要么全是女孩，要么全是男孩。女孩子喜欢安静的活动，比如给小精灵戴蝴蝶结之类的老游戏的新版本。男孩子则喜欢玩些动作比较大的游戏，例如，膝盖间夹着一个气球跑接力赛，而且他们会比女孩子更在乎输赢，因为比赛总归会有奖品。

❖ 家庭聚会更适合孩子

虽然现在越来越时兴带孩子到外面过生日，比如去餐厅、冰激凌店、比萨店、电玩店等（近来这类商店都会专门辟出一角来供孩子举办生日派对），但是，大多数家庭还是更愿意在自己家里为孩子举办生日会。父母之所以会更愿意这样做，一则因为虽然自己更辛苦些，但是价格便宜很多；再则，七岁孩子在自己或者同学的家里，会比在公众场合更为放松，也更容易表达出他天然的热情。

另外，如果你生活在一个人口密集的小区，而且家家户户都在攀比，那么你会很难追得上别人给"所有其他孩子"提供的各种生日派对。下面这一小段文章虽然很明显带有幽默色彩，不过却清晰地描述出了这种攀比能达到什么程度。

　　我说，阿曼多先生把小维克多带到"好年景"飞船上过生日，那又算得了什么？又不是每一个派对都真的能做到完全与众不同。是啊，是啊，安德森夫人把孩子带到了"潜泳世界"，小朋友们在潜水艇里面的一块浮板上分享了冰激凌。"噢，心肝，你看我像不像一个海底观察员呐？"对了，还有，克罗纳先生也很能耐，既然他是一个飞行员，他家的小比力当然可以在机场里的 747 飞机上举办生日派对。不过，我若是想在"汉堡园"的"快乐厅"里给孩子举办一个小小的派对，这又有什么不妥呢？

（译者注：摘自格伦·科林斯 1983 年出版的作品，《怎样做一个愧疚的家长》）

2. 前期准备

❖ 成功的关键

为这个年龄的孩子举办派对是一件相当容易的事情，因为七岁的小少年大多热衷于遵守规则，虽然他有时候遵守得不怎么严格。

❖ 小客人的数量

七岁孩子的生日派对，有八个孩子出席应该是最合适的。当然，假如有一个特别能干的妈妈，再配上一个好帮手（最好是一个成年人，不过哥哥姐姐也可以），要应付一个十至十二个人的派对也不是不可能。小男宾小女宾都可以邀请，不过，看来大家都更喜欢单纯小男生或者小女生的派对。尤其是男孩子，他们大多似乎只愿意邀请小男宾，倒是女孩子看来不怎么计较这一点，男女小朋友都可以请来玩。

❖ 成年人的数量

一个妈妈加上一个助手，两个人就可以操持七岁小寿星的生日派对了。

3. 时间安排

15：30到17：00应该是很不错的时间段。一个半小时的时间也应该比两个小时的派对更妥当一些，因为时间太长的话，孩子到后面都会太兴奋，也太疲倦。要知道，七岁孩子比过去增加了的配合速度，会使得他们很快地玩过一个又一个的游戏。

❖ 15：30～15：50　宾果游戏时间

孩子们可以一边等待客人到齐，一边玩宾果游戏（译者注：一种纸牌数字配对游戏）。这是一个安静的、不限人数的、需要一起合作的游戏，等于给了孩子一个机会彼此熟悉一下。而且这个年龄的孩子很喜欢玩带有数字的游戏。

❖ 15：50 ～ 16：00　找宝藏游戏时间

"宝藏"可以是小奖品，也可以是糖果、花生之类的食物。

❖ 16：00 ～ 16：15　吃茶点时间

七岁孩子一般在下午的时候都需要吃点东西，这时候给孩子们吃些茶点，能让孩子在下一段时间里有体力玩，而不会因为肚子饿了而显得毛躁、疲惫。茶点可以包括简单的三明治、冰激凌、蛋糕和牛奶。这个年龄段孩子的特点，一方面是开始的时候往往满心欢喜地扑向食物，另一方面却又常常会赶紧几口吃完了好出去玩。如果家里布置了一些装点用的气球，那么孩子这时候很可能会去戳弄几下，或者拉住氢气球的绳子往下拽。主人家可以允许孩子去玩气球，不过应该要求他们最好吃完点心以后再去玩。

❖ 16：15～17：00　多样游戏时间

在这段时间里应该安排一连串的不同游戏，一个接一个地玩下去，一直到派对结束，但是不要几个游戏同时展开。最好的游戏之一是六岁到八岁孩子都喜欢的大型积木的搭建，简单的接力赛游戏也很受欢迎，其他可以安排的游戏还包括击鼓抢椅子（译者注：两排椅子背靠背放好，数量要比参与的孩子少一个。击鼓的时候，孩子们绕着椅子跑，鼓停需赶紧坐下来，没有抢到椅子的孩子出局。撤下一张椅子，就可继续玩）、扔套环套东西、瞎子摸驴尾巴（译者注：墙上贴一张纸，画着大尾巴的驴，孩子站在2米外蒙上眼睛，伸出手，走上前去，看能不能摸到画着尾巴的地方）等游戏。"摸尾巴"游戏还可以根据季节加以变换，例如冬天的时候摸"雪人鼻子"，夏天的时候摸"稻草人鼻子"等。

4. 温馨小提示

　　这个年龄段的孩子，不但容易染上天花等传染病（译者注：这是 20 世纪 80 年代初的"作品"，当时的防疫学还不够先进），而且还容易伤到胳膊、腿，因此有可能到时候会有些孩子来不了，你要有些备选的小客人，万一需要的话能临时请来凑数。

　　有些七岁小家伙可能会非常喜欢搞笑，比如说他可能特别喜欢扮演小丑。假如有孩子喜欢扮演小丑，那就让他演好了，局面应该不会失控。不过，如果游戏的变换速度不够快，那么，孩子的行为举止往往会变得越来越糟糕，因此，所有的游戏一定要预先就计划好，而且需要使用的东西也都一定要预先准备好。

家庭聚会，选择"短平快"的游戏——**七岁孩子的生日派对**

　　七岁孩子的生日派对，和其他年龄的生日会比起来，算是容易得多了，关键在于游戏的变换要丰富，奖品也要丰富，而且一切需要的细节以及东西都要筹备好。

　　请家长不要太过于强调遵守规矩，玩耍时的秩序固然很重要，但是七岁的孩子在遵守规则时往往有些不拘小节。如果你发现某些孩子的行为已经打扰了其他孩子，比方说你听见有些孩子在喊："那不公平！"这时你当然应该介入；除此之外，不必太严格要求什么。排队的时候，孩子往往自己能决定他们的先后顺序，比方说应该怎么个轮流法："我先来！"那些比较善于出头的孩子往往能排到前面。虽然这有可能让旁边的成年人觉得不太公平，不过，这却并不会影响到孩子什么，没关系。

　　小会场的布置，越能经得起折腾越好，孩子们会推推搡搡、打打闹闹、上蹿下跳，肯定会踢翻不少东西。家里的地下室会是个好选择，如果你家里有单独的游戏间，也很好。

　　和六岁的生日派对一样，你一定要确保每一个孩子都有一个属于他自己的简易纸袋，用来收藏他的"劫财"。而且还要提供一个安全的地方，方便孩子们放置这些"财宝袋"，这样他才不会担心别人去拿了他的东西。还有，你一定要确保每个孩子都能得到至少一份奖品，哪怕他实际上什么也赢不到。频繁地给每个孩子小奖品，总归是最好的做法。

七岁孩子做什么事情都喜欢一窝蜂，如果有谁先挑了个头，做了件什么事情，其他孩子往往都喜欢跟上来。因此，这里需要成年人时常在一旁做点小调整，以免局面失控。

虽然我们把七岁小寿星的生日派对描写得似乎相当简单而且平淡无奇，但是经验告诉我们，孩子的生日派对往往会显露出七岁孩子所特有的风格，请留心。

9

Chapter

爱他如他所是——

七岁孩子的个体差异

任何一个孩子，如果我们想要真正了解他，就必须尽可能多地知道有关他的三个方面：他目前处在什么年龄段、受环境影响的程度如何，以及他有些什么样的性格特点。其中，孩子本身的性格特点说明了每一个孩子在走过这一个个相类似的行为阶段的时候，都肯定有他自己独特的路径。很显然，孩子心中的自我意识需要很长的一个构建过程，家长要尽量尊重孩子的个体差异，因材施教。

1. 从年龄段、环境因素以及孩子本身的性格特点三方面来真正了解孩子

任何一个孩子，如果我们想要真正了解他，就必须尽可能多地知道有关他的三个方面：他目前处在什么年龄段、受环境影响的程度如何，以及他有些什么样的性格特点。

由于我们格塞尔研究所看似只强调不同年龄的孩子可能出现哪些不同的行为特征，因此有的人以为我们只看到了孩子本身而忽略了环境影响。实际上并非如此。早在1940年，格塞尔博士就已经指出："环境因素会助长、影响，甚至改变孩子的成长。只是，环境因素并不能导致孩子的成长历程本身。"

还有些人认为格塞尔博士并不像皮亚杰那样对环境与人

的互动感兴趣，然而事实上格塞尔博士就这一点也曾经特别指出："因为环境与人的互动是一切的关键，因此对这两者的限定不应该太过于泾渭分明。"

毫无疑问的是，我们不但需要尽可能了解关于每一个年龄段的一切，而且还要了解环境对孩子的影响方式。同时，第三个方面，也就是每个孩子自己的性格特点，也同等重要。第一个方面，不同年龄段的行为发展水平，整体上来说所有孩子都极其相似。第二个方面，环境，有可能相类似，也有可能很不同，不过这是一个完全不同的领域，我们不打算在这一本书里详加讨论。而且，不论环境如何，我们可以确信，每一个孩子在走过这一个个相类似的行为阶段的时候，都肯定有他自己独特的路径，也就是第三个方面：孩子本身的性格特点。

说到这里，又有不少家长误解了格塞尔博士所说过的话。因为他，还有我们，给大家讲述了孩子在不同年龄段的不同行为特征，于是有的人就以为我们的意思是指所有的孩子都会是这样的。我们要再次重申，事情并非如此。在所有我们格塞尔研究所出版的系列著作中，我们都再三申明，**每一个孩子都是独一无二的个体，都会在很多方面不同于其他孩子，哪怕是同胎而生的兄弟姐妹也不例外**。而且，孩子这些不同的个性，很早就会显现出来，正如格塞尔博士常常讲到的那样："哪怕初生婴儿也都有不同的个性。"因此，等孩子长到了七岁，不消说，他已经更有自己独特的个性了。

2. 七岁孩子独特个性的表现

❖ 各个行为阶段的成长步伐有个体差异

孩子独特个性的明显表现之一，就是每一个孩子在各个行为阶段的成长步伐会与众不同，也就是说，跟我们的总体描述相比，会有个体差异。请每一位读者都要记住，我们针对各个年龄段的描述，仅仅是一个常规值。虽然有些孩子的成长的确会跟我们的描述十分一致，但是，有的孩子却会成长得稍微快一点，也有的孩子会成长得稍微慢一点，这都非常正常。假如一个孩子的进程慢一点，比方说你的孩子虽然已经七岁了，可是不少行为仍然带有六岁孩子的特征，那只不过是说明孩子有点不够成熟，这并非意味着他就是一个笨孩子，或者是一个不够聪明的孩子；相反，这样的孩子常常是非常聪明的人，只不过行为年龄稍微滞后了一点。针对这样的孩子我们有一个术语，叫作"稚龄聪明儿"，而且我们一直不厌其烦地叮嘱有这种孩子的父母，千万不要仅仅因为孩子聪明就把他早早地送进校门。

❖ 和顺阶段与不和顺阶段、内向阶段与外向阶段的交替循环有个体差异

每个孩子都有别于其他人的体现之二，是针对我们前面所讲述过的和顺阶段与不和顺阶段的交替循环，以及内向阶段与外向阶段的交替循环而言的，每个孩子在这两个螺旋循环中的成长步伐也并不一样。按照这两个螺旋图，差不多所有的孩子，包括我们观察过的男孩子和女孩子，通常都会一步步走过这些循环交替的各个阶段，这一点我们相当确信。但是有一点我们却无法向你保证，那就是每个孩子在各个螺旋图中的中轴线的位置可能会落在哪里。

让我们来假设某个孩子的"和顺螺旋图"的中轴线稍稍偏左侧一些，那么，如果是处于不和顺阶段之中，这孩子往往让

他自己的日子很不好过，而且也让别人的日子很不好过。即使是当他处于和顺阶段的时候，他也照样是一个不太好相处的孩子。有一个妈妈就曾经对我们说过这样的话："你说等我儿子到了三岁的时候，他就会变得好很多。没错，他的确变得'好'了很多，可是，那只有三个星期的时间而已。"

一个不太跟自己过得去的、在生活中似乎总不顺心如意的孩子，往往比一般的孩子更偏于不和顺的那一侧。他不但自己会生活得相当不顺当，而且也往往跟他身边的人相处得很别扭。然而，也有的孩子可能会确确实实地跟这种情形完全相反，也就是那些整体更为和顺的孩子。这样的孩子不但自己的生活过得相当惬意，而且周围的人与他相处得也十分融洽，哪怕是在这孩子最糟糕的阶段之中，他也既不会觉得自己有多不顺当，也不会给别人带去多少麻烦。

而针对内向阶段与外向阶段的行为交替，也同样存在这样的中轴偏差现象。我们这里用了"内向"与"外向"两个术语。一个内向的孩子，往往不太与人交往，也不太开朗，他不容易交到朋友，而且也常常满足于自己的独处。相反，一个典型的外向孩子，则不但喜欢与人交往，而且性情开朗，慷慨大方，总希望有小伙伴一起，不怎么愿意独处。

因此，对于那些内向的孩子来说，他们的中轴线会比我们所绘制的"常规"孩子的螺旋图稍稍偏左一些。而典型的外向孩子的中轴线则又会偏向右边一些。在七岁这个年龄段，本来就内向的孩子会显得更加内向，仿佛巴不得远离所有的人；而本来就外向的孩子，则往往保持了他喜欢与人交往的本色，只不过会显得比其他日子稍微安静一些而已。

❖ 以威廉·H.谢尔登博士的体形心理学分析的个体差异

除此之外，我们还可以从很多其他不同的方向来理解孩子的个性或者特性。我们认为最能有助于父母理解孩子的一种思路，是威廉·H.谢尔登博士的体形心理学。因此，和这系列的前面几本书一样，我们也为你在这里概述一下。

按照谢尔登博士的观点，一个人的体形很大程度上决定了他的行为。也就是说，尽管我们必须要考虑到环境的影响，但是，不论环境影响如何，我们先天的体形主导了我们可能会出现哪些行为特征。而且不仅如此，不论一个人的身高和体重如何、饮食有何变化、目前处于什么年龄段，他最基本的个性特征在整个成长过程中并不会有太大的变化。因此，不论这个孩子是长成了一个小胖子还是变成了一个瘦竹竿，他的基本体形结构并不会改变。

人类的基本体形结构分作三大类。尽管没有任何一个人只会完全属于某一种体形结构，不过，大多数人的基本体形都会由这三者之一占据主导地位。

这三种基本类型，分别是圆形体形、方形体形和长形体形。圆形体形的人身体偏于浑圆而柔软；方形体形的人身体偏于方正而且硬实；长形体形的人身体偏于瘦长、纤弱而细腻。

圆形体形的人，胳膊和腿的长度同躯干比起来，要相对偏短一些，胳膊的上臂略比下臂偏长一些。手脚都偏小，而且肉乎乎的；手指短而略呈锥形。**方形体形**的人，四肢都又长又大，胳膊的上臂和下臂的长度大致相同，大腿和小腿的长度也大致相等。手和手腕都比较大，手指略呈长方形。**长形体形**的人，胳膊和腿的长度同躯干比起来，要相对偏长一些，胳膊的下臂略比上臂偏长一些。手和脚都长得细长而且纤弱，手指尖细。

识别你孩子的身体体形，了解圆形孩子、方形孩子、长形孩子的常规行为特征，这无疑将有助于你把自己对孩子的期望值调整到更符合孩子实际情况的水平之上，而不会过于不切实际。如果你相信孩子的言谈举止与他身体的体形结构有关的话，那么你自然会更容易理解和接纳孩子的行为。

根据谢尔登博士的说法，圆形体形的人，他参与和活动的**目的是为了吃**，吃是他最大的快乐。方形体形的人，他参与和吃的**目的是为了活动**，他最喜欢的是运动类型、竞赛类型的活动。长形体形的人，他的活动（尽可能少地动）和吃（也尽可能少地吃）的**目的是为了参与**，去看、去听、去想、去觉察，才是最能让他愉快的事情。

这三个不同体形之间的另一个区别之处是，一旦遇到了困扰，"圆形人"会去找人帮忙；"方形人"会动手寻求解决办法；"长形人"则退缩一旁，而且不愿被人打扰。

对时间的定位，也因为这三种体形的不同而颇有不同。我们的观察发现，圆形人最感兴趣的往往是眼下，此地此刻；方形人似乎喜欢往前看，下一件事情或新的事情才会让他觉得更有趣；而长形人则是最有时间感的人，不但喜欢瞻前而且喜欢顾后。他有可能是一个货真价实的历史学家、一个坚持写日记的人。

那么，这三种不同体形的孩子，在七岁的时候会有些什么不同的行为特征呢？谢尔登博士并没有讲到这一点，因此，我们要在这里讲述的是我们自己的观察。肉乎乎的七岁圆形孩子，在这个比较偏于负面情绪的年龄段里，往往可能是一个消极低沉、郁郁寡欢的孩子，一旦有什么不顺心的事情，情绪越发低落的他常常可能比平常吃得更多，狠狠地往肚子里塞。

平常生龙活虎的方形孩子，在这段日子里，可能会觉得别人都对他不怀好意，而且可能会用更为强势的反感来表达他的这种看法。因此，他不但可能对别人比任何时候都更充满敌意，而且跟那些他觉得对他使坏的人打架的次数也会比平常更多。

至于七岁的长形孩子，我们很容易推断出他的行为特点：他会活得最为挣扎，不但远远躲开那些残忍的坏家伙，而且龟缩到自己内心的最深处。和方形孩子以挥拳表达他的愤怒和不满相反，长形孩子往往用语言表达他的消沉。和本来就牢骚满腹的普通七岁孩子相比，长形孩子的冤屈往往更多。他可能会不断地向你申诉，别人如何一肚子坏水、对他多么不公平、多么冷酷无情……

❖ 家庭中孩子的不同出生序位带来的性格差异

针对每个孩子不同个性的另一个观察视角，是在家庭中孩子的不同出生序位所带来的性格差异。这一观点目前颇受一些学者的高度重视。露西尔·福勒（译者注：1976年出版了《孩子的出生序位》）以及不少其他学者都认为，在家里位居老大、老二、老三的孩子，他们的不同个性特征显然有一定的规律可循。

首先，许多学者都认为，**身为老大的孩子**，往往是一个很注重成就感的人，而且常常真能有所成就，甚至将来有可能非常出色。哪怕在孩童阶段，他也可能是一个做事有能力、有意愿、有效率的人。他的责任感也往往成长得相当好，喜欢使用"应当""应该"这样的词汇，愿意遵从要求把事情做好。学习的时候他通常来说是一个很认真的孩子。实际上，这样的孩子往往对自己以及对别人都有很高的要求。和小伙伴们一起玩的时候，他常常喜欢做孩子头。他和父母的亲子关系常常是他追求成就感的强烈动力。

身为老大的孩子，往往会在各界领导职位上做得很成功，他不但做得自信、舒坦，而且如鱼得水。这其中的一部分原因，应该和他从小跟父母的良好关系，以及他在兄弟姐妹之间的领导地位，有一定的关联。

身为老二的、位处中间的孩子，一般来说不会有他兄长那般强烈的对成就感的追求。他往往是一个更随兴、更放松、更有耐心、更容易相处、更圆滑机智、更情绪稳定、更善于适应，也更善于平衡对立性力量的人。当然，他也不太容易像他兄长那样将来出类拔萃。一个位处中间的孩子，不但需要学会竞争，而且必须学会以**非直接**的方式去争，因此他可能会来些小手段，甚至是偷偷摸摸。这样的孩子，可能会变成一个"骗人精"，或者学得很有外交手腕。身为老二的孩子有可能觉得别人不会对他有什么特别的期望，相反他倒是可以指望别人来帮助他。既然是身处中间位置，那么他不但可以指望自己的兄长罩着自己，而且也不必有太强烈的进取心、好胜心，不必努力追求成功与成就。

而**最年幼的孩子**，则有可能认为自己最没本事，最不重要，因此可能比他的兄长们更为消极被动、安于现状、甘居人后、幼稚天真，他追求成就和杰出的意愿也往往更小，人也更内向、更退缩。一个最年幼的孩子可能比位居中间的孩子学得更善于用间接方式达到目的。假如他达不到目的，他要么放弃努力，要么去找成年人来给他撑腰，因此他不但可能以尖叫求救，还可能会跑去告状。假如他不论怎么做都不可能达到目的，那么他也许会变成一个消极、退缩的人，离群索居，以远离他人可能带给他的紧张与压力。

我们的观察的确发现，总的来说，身为老三的孩子，尤其如果他是家里最年幼的孩子，往往带有温和而敦厚的秉性。许多这样的孩子似乎活得十分宽心，因为他相信一切有兄长们替他罩着。也许这样的想法自然消减了他的紧张与焦虑。

因此，这里会出现两个问题：首先，孩子的出生序位果真会影响孩子的行为吗？其次，如果的确如此的话，这又是为什么？针对这两个问题，我们无法给出确定的答案来；但是，至少在试图了解我们七岁的孩子特殊个性的时候，心里应该多多少少绷着这一根弦才好。（译者注：由我翻译的《正面管教》第三章，也讲到这个出生序位问题，而且讲得更全面、更细致，感兴趣的读者不妨找来读一下。）

❖ 孩子的性别差异

另外还有一个显然会在任何年龄段都能影响孩子独特个性的方面，就是孩子的性别。尽管处于任何一个年龄段的孩子都有可能表现出与他本身性别相反的行为特征，但是我们相信，绝大多数男孩子的举止都带有"阳刚气"，而绝大多数的女孩子则往往显现出"女人味"。如今有一些环保主义者和狂热的女权主义者坚称，只要我们平等地对待孩子，男孩和女孩之间并没有什么天生的差异。但是，我们大量的观察和研究的数据，还有我们每个人的常识，却都和这一观念相反，针对孩子的行为会因为性别不同而不同。我们来介绍一份最新的学术报告，也就是伊夫林·G.皮彻尔和林恩·H.舒尔茨对幼儿园孩子的专题研究，《玩耍中的男孩和女孩》。作者在该书中指出：

> 儿童会学习大体上符合他们的传统文化观念中有关性别角色区分的概念。在他们的玩耍过程中，孩子持续不变地展现出他们各自的性别所应有的行为。这种性别区分，不但源自他们的生理传承，而且源自他们的心理需求，符合他们的心中所解，顺应他们的文化氛围。人类社会的特性，不但是任何其他社会所没有的，而且是整个人类社会都会共同响应的。年幼的孩子因为基因而获得了不同性别的身躯，他们也自然会根据与环境的互动而滋生出不同性别的观念。不论是先天的基因还是后来形成的观念，都对孩子会成长为男人还是女人而产生决定性的影响。

根据该书两位作者的观察，不论处于哪个年龄段，男孩和女孩的行为都各不相同。他们不但会按照自己的性别角色各行其是，而且他们各自喜欢的行为方式也不相同。比如，女孩子往往喜欢玩温柔而充满爱抚的游戏，男孩子则往往偏爱粗野的、在地上摸爬滚打的游戏。

❖ 尊重孩子的个体差异

总之，七岁也好，其他年龄段也好，请不要想象你家里所有的孩子都应该有相同的言谈举止，不要以为这一整年中他在每一天、每一种不同情形下都应该一成不变。给大家举两个例子：其一，有一次，我们约见的一个七岁男孩是一个各方面都非常成功的孩子（从他老师和父母的角度来看）。不想，他跟我们整个下午的谈话内容，从头到尾都是他遇到的各种倒霉事情，要么就是他朋友遇到的倒霉事情。他还跟我们说到他跟同学和朋友一起干过的各种坏事，比如乱洒水、骂脏话之类，甚至包括他们还"不会"正确地拼写出虽然很简单但是很"坏"的词，爱。

另一个例子，和这个故事相反，我在火车上遇到一个七岁女孩，她跟我聊天时说："我特喜欢上学，而且我特喜欢众星拱月的感觉，因为我是学校里最聪明的人。反正我就是这么认为的，而且每个人都知道是这么回事，只有一个女孩子例外，觉得她跟我一样聪明……"到了她该下车的时候，她又跟我说："哎呀，这就是我那美好的、奇妙的波特兰市。我太爱这座城市了。路易丝，我要谢谢你，你一直对我的话那么感兴趣，我们聊得好开心，这让我的旅程充满了乐趣。现在我要亲亲你，跟你道别。"

很显然，孩子心中的自我意识需要很长的一个构建过程，哪怕在这仿佛沼泽地带的七岁年龄段，他们都在认真构建着。

10
Chapter

你是否也遇到过这些麻烦？——
源自家长们的真实故事

不同的孩子在成长的过程中会表现出一定的规律和特点，很多孩子在同一件事上出现了同样让父母棘手的问题。为了帮助父母解决这些问题，我们特意挑选了一些有代表性的家长来信进行分析，相信对读者会有所帮助。

译者注：这一章内容全部摘自当时的报纸专栏，由本书作者们，也就是"格塞尔人类发展研究所"的资深儿童研究员们，解答家长们在养育过程中的问题。人们尊称这些资深研究员为"博士"，他们也都是货真价实的大牌博士。这一本书和前面有所不同，读者来信统统指向本书作者之一的埃姆斯博士。

1. 孩子变得很不开心，
这是为什么？

读者来信

亲爱的埃姆斯博士：

请问你能不能告诉我，我跟我七岁的大儿子克莱顿之间，是不是真有什么不对劲儿？六岁的时候他又粗又野，能吵能闹，但是非常阳光、开朗、快乐，很容易调整情绪。

那时候的他精力实在是太旺盛了，因此等他到了六岁半左右明显变得安静下来时，我们都觉得非常高兴。但是，现在他长到了七岁，忽然之间却变得情绪很容易波动，而且总有很多不开心的事情，沉重得让人觉得他仿佛把整个世界都扛在了肩上，他不再是一个快乐的孩子。

自从他满了七岁之后，他就变成了一个动辄就哭的孩子。他跟我们诉苦说，在学校里没人跟他玩、他一个朋友也没有、他的学习成绩肯定好不了等等。

也就是说，他抱怨的事情不但包括正在发生着的事情，也有他想象中发生着的事情，还包括将来也许会发生的事情。他的学习成绩的确下降了，每天早晨该上学的时候他都诉说他身体不舒服。他的老师挺担心他，我们也感到迷惑，不知道他是否有什么不妥，还是这无非因为他满了七岁？请问是不是这个年龄的其他孩子都这样，因为一点点小事情，甚至什么事情都没有，就这么能哭、能诉苦？

专家建议

你说到了点子上。七岁孩子通常来说的确能为了任何事情掉眼泪，哪怕只是一点点小事情，甚至什么事情都没有。而且，跟他六岁时的精力旺盛、争强好胜相比，以及跟将来他八岁时外向而又随时随地都能投入某种行动之中的风格相比，七岁孩子往往是一个沉静、退缩、内向、郁郁寡欢的少年。

那能吵、能闹、能折腾的六岁孩子终于肯安静下来，变成一个更能安于现状、体谅他人的孩子，这常常能令父母大松一口气。刚开始的时候你会很欣慰地看到孩子但凡做什么事情都要先想一想，很高兴他能克制住自己，不再那么喧嚣、张狂、豪强霸道。

可是随着时间的推移，许多父母难免开始担心起他们的七岁孩子来了：这孩子是不是也太内向、太情绪不稳、担忧的事情太多了？再过一段时间，不少七岁孩子会变得越来越容易掉眼泪，对别人的指责和抱怨也越来越多，最后简直就成了每天的主旋律。等到了这时候，不少父母又巴不得孩子再变回那个六岁的小闹腾。

典型的七岁孩子其实挺享受他的郁闷的。父母一定要明白，这个年龄的孩子就是认为每一个人都在挑他毛病、每个人都在责怪他、每个人都在欺负他，而且他其实很喜欢这种想法。因此，假如孩子又找你控诉别人如何如何，那么，在你真要去责怪别人之前，请你先把前面这句话放在心底。

2. 我儿子觉得每个人都恨他，这可怎么好？

读者来信

亲爱的埃姆斯博士：

今天早晨我们家遇到了一个很严重的问题，搞得全家人鸡犬不宁，恳请你帮帮我们好么？我的七岁儿子看来患上了一种"恨你综合征"，让我实在是束手无策。他过去一直是一个举止很得体的孩子，我们的相处也一直相当不错，只偶尔会有一些小小的冲突。

可是，现在事情忽然完全变了样子。他说学校的孩子们都恨他，如果他要做什么事情而我不允许，他就会愤怒地指责我说："你恨我！我也恨你！你一点也不爱我了！"对他爸爸、他奶奶，都是这个样子，我们满耳朵听见的就是"你恨我，所以我也恨你"。

他现在甚至连学校也不愿意去了。他上二年级，是一个优秀的好学生，班级里选他做红十字会小组的秘书长，他当时很开心了一阵子。

有一次他又跟我说他不要去上学，因为别人都恨他。那一次我决意打破砂锅问到底，原来，只不过有一个男孩子说了他恨他，而且这个男孩子是一个常欺负小同学的坏孩子，所有的学生都讨厌他。

今天早上他在打算穿上鞋之前，踩到了什么东西（他这样说），单脚跳着来到我面前说："妈妈，我的脚疼死了，我没法上学了。"我看了看他的脚，没发现什么痕迹，因此糊弄了他一番了事。他的情绪稍微变好了一些，对我说他的脚感觉好多了，可是他仍然上不了学。

这一次我反过来顺着他的话答应他："好吧，既然你想留在家里，那我也觉得没什么关系。"可是，他却也反过来说："好吧，既然你不愿意我去学校，不愿意我去学东西，那我就留在家里，做个蠢蛋好了。"

请你告诉我，所有这一切，是否都是一个七岁男孩所应该经历的，还是我们真有什么问题需要好好解决？

专家建议

你孩子的行为是典型的七岁行为。这个年龄的孩子通常都会觉得每个人都恨他：老师、父母、朋友、兄弟姐妹都恨他。总之谁都恨他，谁都跟他过不去。

既然你的孩子过去并不是这样一个人，那么我们很可以放心期待，在几个月以后，你的孩子就又能变回原来那个和善的好孩子了。只要你能随时提醒自己，孩子这种行为的主要根源是他这个年龄的特性，而不是真有谁跟他过不去，你就能更平和地处理这样的问题了。不要太把他的话当真，不要太担忧。

毋庸置疑，你应该对他表示同情，其实这对他来说也就已经足够了。如果他再来跟你说别的孩子怎么恨他，你不妨照你现在的做法继续做下去，和他好好谈谈，一层一层帮他剥茧，直到他最终面对事实：只有一个男孩子对他不好。每当你跟他处理这样的问题时，一定要以同情的、尊重的态度。别人对他不好，不论是真的还是他想象的，都的确很令他不快乐，因此那也就对他真的很重要。

总之，你要好好把握尺度，既不需要太为他难过，又不可以太不把他的抱怨当回事。如果你能够以平静的态度，既表达同情，又不至于太陷进他的苦恼之中，事情就会变得好办很多。

3. 七岁孩子果真巴不得有苦恼、巴不得有烦愁吗?

读者来信

亲爱的埃姆斯博士:

请允许我来证明你的发现:七岁孩子果真巴不得有苦恼,巴不得能为一切小事犯愁。我们的女儿辛西娅,以前一直是一个通情达理、开朗的孩子,总认为自己很有运气,因此总是很快乐;可是,自从她满了七岁,就显然变成了一个郁郁寡欢的孩子,担心各种各样的事情。圣诞节前夕,她得了一场轻度感冒,天,她那个难受劲儿!

她担心她没法回学校参加圣诞演出,担心她爸爸付不起"所有的医药费",还担心如果她继续躺着起不来的话,圣诞老人（希望有吧，她其实已经不确信了）的礼物会不会就送不到了……

我很庆幸我已经读到了你关于七岁孩子的预警，否则的话，我肯定会以为我那亲爱的宝贝女儿真有什么不对劲儿了呢。

专家建议

谢谢你，我们总是很高兴能收到家长们送来的逸事。我也很乐意加上一条我自己向来很喜欢借用的七岁少年"苦恼"的故事。

我认识一个小姑娘，她来自缅因州，这一年跟着她读研究生的父母搬到了俄亥俄州。亡灵纪念日那一天，她不愿意出来玩，无精打采地把自己关在房间里。

后来，妈妈终于进了女儿的小屋，问她是怎么一回事。"怎么了？我怎么了？"小姑娘嘟囔道，"这是亡灵纪念日，我们又没有谁死在这俄亥俄州，我们应该回缅因州去。"

然后，一抹绝望的神色浮现在她的脸上："可是，我们家也没有谁死在缅因州啊。唉，我们永远不可能过一个像模像样的亡灵纪念日了。"

没错，你典型的七岁孩子不但很苦恼，而且巴不得有苦恼！

4. 孩子为什么满脑子负面思想？

读者来信

亲爱的埃姆斯博士：

晚上该睡觉的时候，我给七岁的女儿贝琦拿了一杯水过去，结果她这么对我说："妈妈，有时候我觉得你会不会放些毒药在水里面，那样的话你就可以好好过自己的日子了。"

也许我不应该感到伤心，可实际上我非常震惊、非常伤心。我说："你该不是把我当成了女巫什么的了吧？"然后转身离去，叫我丈夫来继续照顾她上床睡觉，我自己则回到我的屋子里哭了一场。

我不该哭吗？我一会儿想，我应该放下这件事，她不过是个七岁的小孩子，可一会儿又想，哪怕只是个七岁的孩子，她也应该懂得不可以拿话去伤人心啊。

我离开之后，贝琦也哭了，说她不是那个意思，可是我当时已经伤心欲绝，没办法继续守在她身边，替她祷告、吻她、跟她道晚安……她竟然谴责我要谋杀了她。尤其让我感到伤痛的是，虽然我只是一个家庭妇女、一个普通母亲，可我从来都认为自己是一个善良的、负责任的、充满爱心的妈妈。

专家建议

我不得不说，你把这件事情给小事化大了。贝琦只不过是通过想到了下毒这个念头而表现出了她的七岁特征而已。但是，因为她说得太一本正经了，而且还涉及了你，所以的确会让你有点儿受不了。

七岁的孩子往往会相当口无遮拦地大谈什么他恨谁谁、要杀了谁谁，他的脑瓜里喜欢想到死亡、杀害、下毒等的暴力情形。同时也提醒你记住，孩子的这些念头，并非全部来自广播、电视、漫画书等，七岁孩子的思想向来就有些喜欢暴力，在电视还远没有出现之前就已经如此。因此，贝琦想到了下毒的念头，恰是这个充满负面思维的年龄段的孩子"自娱自乐"的一个侧面而已。

我理解，如果你把孩子的话真听进去了，你肯定很伤心。贝琦应该上床睡觉的时候，你可能自己也已经很累了，所以跟你白天的正常情绪比起来，你这时更容易觉得伤心。

我们对七岁孩子家长的建议，通常都是平静二字，平静地和孩子聊这些骇人的话题。若是换了我们的话，我们会对贝琦说，我们非常肯定我们决不会去毒害任何人；我们也会安慰她说，孩子有时候的确会想到这样的事情，那没有什么关系；我们还会加上一句"但是，在我们家里，没有谁会去杀害任何人，也没有谁会去伤害任何人"，诸如此类的友善而正面的总结。

七岁的孩子内心世界里已经充满了由这些暴力想法所带来的烦扰，即使你不去就这个话题跟孩子严肃地谈谈，这一切也已经够他受的了。

5. 孩子又磨蹭又粗鲁无礼，妈妈该怎么办?

读者来信

亲爱的埃姆斯博士：

我七岁的女儿小水晶最近出现了两个让人挺烦心的新毛病。第一个是她无论做什么事情都是能多磨蹭就多磨蹭。不论是早晨穿衣服还是在学校里做课堂作业，她都故意拖延很久很久才能做得完。她不但磨磨蹭蹭，而且很容易分心。

第二个是她回答我问题的时候总是用一种很惹人恼的口吻，尤其是当着别人的面。她不但可能故意说些很粗鲁的话，而且还没有半点礼貌。越是有别人在场，她就越是好像刻意要我十分难堪。

类似这种刻意针对我的敌视状况虽然不是很频繁，但每次都真的是让我很丢脸。

我已经试过好几种方式，希望能改变这种状况。我跟她讲道理，企图唤回她本来天生具备的礼貌意识，也用了鼓励刺激，可是统统无济于事。她只勉强做那么一点点，然后就又跌回到现在的坏习惯中去了。我该怎么办？

专家建议

小水晶的情形，看来像是一个虽然已经七岁了但是显然还带有某些六岁行为特征的孩子。再加上她已经七岁而添加了一些七岁的特点，就让事情变得更糟糕了。

首先，七岁孩子的典型特点之一就是故意磨蹭。但是，说到磨蹭，大多数的七岁孩子不论多慢都总能把事情做完，小水晶看来有意把她的精力都用在了磨蹭上。尽管七岁孩子在做事情开始的时候总是格外慢，但是他们大多数都能够在必须赶快结束的时候，急起直追完成任务。

怎么能够改善孩子磨蹭的状况，是一个不小的难题。不少七岁孩子的妈妈会把早晨上学的事情交给孩子自己掌握。

也就是说，你准时把小水晶叫醒，然后把孩子的衣服、早餐都替她准备好，至于她要用多少时间，你交给她自己控制吧。一旦你这边把压力卸掉了，孩子那边则有可能会自己给自己多加些压力。一两天的上学迟到往往能成为最好的加速剂。

至于粗鲁无礼，刚才我已经说到，应该是小水晶还丢不下的六岁行为特征，因为许多七岁孩子都已经用嘟嘟囔囔代替了六岁的争强好胜，最多在遭到批评的时候稍微有一点粗鲁而已。你若要矫正小水晶的粗鲁言行，可能必须借用老师的管教方式，也就是说，保持一种笃定的、波澜不惊的气度十分重要（也许你不太能做到）。你要让她明白，如果她当众对你无礼粗鲁，那么她随后必须承担一定的行为后果。（有些家长会说："假如你一定要这么粗鲁，请至少要避开公众场合。"）你一定要让她明白，偶尔乱发脾气你可以原谅她，但是你肯定不会放任她继续这么粗鲁无礼下去。

你的心态在这里至关重要。要帮助女儿矫正她对你粗鲁无礼的毛病，你必须首先要清楚地明白，虽然孩子伤害了你，但是你不可以让这件事情变成母女对抗。相反，和很多其他事情一样，你只有和她站在同一条战线上，才能帮助她战胜困难。任何时候，只要妈妈和孩子陷入了感情纠葛的对抗战中，妈妈就会失去帮助孩子战胜困难的理性和能力。

6. 面对一个让人很棘手的小男孩，该怎么管束他？

读者来信

亲爱的埃姆斯博士：

　　我有一个七岁的儿子迈克，他不听话到了极点，简直没有什么办法能管束得住他。

　　迈克是一个招人喜爱、健壮好动、有感召力的孩子，而且是一个非常出色的演说家。但是他有些太过于好动，什么都要去折腾，而且看起来没有什么判断力，也不懂得小心谨慎和自我控制。他是我最难管束的一个孩子，有时候甚至让人真没法喜欢他。

我们知道，他是那种很善于得寸进尺的孩子；他是我需要面对的挑战，却也常常因此而成了我的导师。我想其他母亲也许会有兴趣知道过去两年中我最成功的管教方式。

因为他爸爸大部分时间都不在家，所以我设立了一个类似于"成绩单"一样的东西，详细记录下他每一天所犯下的不符合家庭规则的错误。在他爸爸星期五晚上回来之前，我会预先和迈克坐下来，一条一条跟他过一遍，问问他我的记录有没有不公正的地方。

第一次看到诸多恶行都被写了下来，他十分震惊，但这种办法却有非常神奇的效果。他爸爸回来以后，也会跟他再逐一讨论一遍这份"成绩单"。一段时间以后，迈克请求能否也记下他的好成绩。刚开始做的时候，实在是乏善可陈，不过渐渐地"成绩单"上好坏行为的比例有了变化。

他爸爸会嘉奖他的好行为，可怜的小迈克非常渴望得到爸爸的嘉奖，因此愈发努力好好表现，让"成绩单"上的好表现越来越多。一段时间以后，良好的行为显然替代了不少过去的昭彰恶行。一直到今天，这份"成绩单"都是针对我们这个又可爱又棘手的小刺猬孩子的最佳法宝。

专家建议

听起来迈克的确像是一个让人很棘手的孩子。万幸的是，看来这类孩子的妈妈似乎常常天生具有一种特殊的悟性和热情，兵来将挡，水来土掩。

给迈克这样的孩子设立一个"成绩单"，是一个绝妙的好主意。对这类孩子来说，肉体上的惩罚往往完全没有效果；关禁闭可能使得他变本加厉；而剥夺他的一些权益，也没有什么震慑效果。

幸运的是，这类孩子却往往非常在意别人会不会把他看作好孩子。幼儿园的老师常常可以用这样的话来促使孩子表现出好的行为来："你打扰其他小朋友了。"他往往非常渴望别人能把他看作好孩子。

记录下孩子的不良行为，表面看来好像是在强调负面的东西，但是你说孩子看到他的坏表现被写下来而感到很震撼，这却是非常正面的效果。许多这种很野性的、活泼好动的小男孩，会在盛怒之下做些错误的事情，但是情绪冷静下来之后，他其实能够意识到，也能够面对自己的行为。

纵容孩子的家长往往不愿意去面对孩子行为不良的事实；而你的做法则相反，看似很冷血，把孩子的错误行为都记录了下来，实际上却是在帮助孩子面对自己的所作所为。这么做既不避真实，又带着同情，而且需要你的时间、努力和筹划。养育孩子不是一件容易的事情，但是一旦你走出了一条成功之路，回报将大于你的付出。

7. 孩子不肯吃饭而且营养不良，该怎么办？

读者来信

亲爱的埃姆斯博士：

我有一个七岁的男孩马文，我丈夫说他是一个"长形孩子"。从他刚开始学走路开始，他就是一个很不肯吃东西的孩子，吃下去的那点东西简直就连一个手掌心都填不满。他喜欢吃的东西，如果我一个星期里给了他两次，那么第二次他就不肯再吃。

他有严重的营养不良导致的贫血，多年来医

生一直要求我给他服药、让他多休息，每天还要给他提供三餐营养食物。可是，这最后一项要求，是我最感棘手的事情。早餐的话，如果我能碰巧做出他喜欢的食物，他倒是能吃得满心欢喜。可是中餐和午餐，我却怎么都没有办法，不求他、训他、尖声大骂他，我就不可能让他吃顿像样的饭。今天晚饭时，我最后又大吼大叫起来，我觉得自己失败透了，只得来找你求救。

马文不喜欢吃肉，任何形状、任何形态的肉。他对肉的主要不满是他不愿意嚼。哪怕我给他用两片面包夹上点切碎的鸡蛋，他都需要嚼得非常辛苦才能吃下去。如果他能用半个小时吃完晚餐，那就算是吃得很快了。

另一个让我十分担心的地方是，每次我把餐碟端到他面前时孩子的无奈感受。他知道他不喜欢吃，他也不愿意没完没了地嚼，可是他又知道不得不吃干净餐碟里的食物，因为那是医生的要求，但他毕竟还是不愿意吃。如果我不去管他，不敦促他也不骂他，他可以坐在那里整整一小时玩弄那些餐具，碰都不碰碟子里的食物。

我在想，天天这么逼着他吃东西，他以后会不会恨我？天天这么挣扎下去，将来会不会给他造成什么心理影响？

这些都让我担心得很厉害，我恨不能打个地洞爬进去算了。

专家建议

我们不愿意和你的儿科医生表达不同意见，但是，我们的确不能完全认同他的所有要求。假如一个孩子能像你家马文一样饱吃一顿早餐，我们会认为那就已经非常好了。一天能这么吃两餐，就足够了。

我们的建议是，早餐的时候尽量给马文提供各种食物，也可以试着给他煎一些脆脆的培根肉条，看他是否愿意尝哪怕一条。中午的时候吃得越少，那么晚餐时候他的食欲就越可能会让你感到满意。

而且，你给孩子端上来的食物的分量，一定要小，尤其是你还规定必须吃完餐碟里所有的东西。我们倒是想建议你，放弃这一条要求吧，不要只强调孩子吃下去的量。有些时候这些"小不肯吃"也能从其他途径获取营养，比如两餐之间的点心，你可以给孩子吃点花生、胡萝卜条。给孩子的食物一定要做得很诱人，不妨用上色彩鲜艳的小杯子、小碟子，以及漂亮的餐巾。这些做法有可能帮"小不肯吃"增加点食欲。

绝大多数的孩子不会让自己饿得太久，虽然父母很难相信这一点，但事实就是如此。但是，如果你一味根据医生的要求，坚持孩子要吃下多少数量，这无疑会把孩子可能自然感受到的任何食欲都扼杀干净。

8. 都七岁了还不断尿床，可怎么办呢？

读者来信

亲爱的埃姆斯博士：

我们家里有三个孩子，女儿十二岁，大儿子七岁，小儿子十八个月大。我的问题是关于我那生龙活虎的七岁"小尿床精"的。过去的五年，每到下午四点以后他就再也不可以喝任何汤汤水水，每天夜里十一点他要被叫起来撒尿（常常已经尿湿了），到了凌晨3点他还要再次被叫起来……可是，这一切做法，都没有用。到了早上起床时，他几乎永远是湿透了的。白天的时候，不论是玩耍还是上学，他都能控制得非常好，完全不尿湿自己。

他的学习成绩是全优，而且是他班级里阅读能力最强的学生之一。平常他喜欢玩些机械类的东西，总是忙个不停，而且不知疲倦。他和姐姐的相处不是太好，因为她常常要跟他作对，而且指手画脚。

我们从不因为他尿床而责怪他，但是他自己已经十分泄气了，放弃了想要通夜干爽的努力。每当想到我最小的儿子不久就应该不再尿床了，而到那时假如我们的大儿子还夜夜尿床，真担心不知道他可能会做何反应。现在每天下午四点以后他就特别向往汤汤水水的东西，而我们也不忍心永远拒绝他。我们的医生说，孩子没问题，而且叫我们不要去用什么尿床治疗仪。请问，你能给我们一些什么建议，帮帮我的孩子吗？

专家建议

很多十分正常的孩子往往要等到五六岁的时候才能通宵不尿床。所以，孩子尿床尽管让人苦恼，却是一个常见的事情。只不过，你的孩子已经七岁，倒是很需要帮助他解决这一问题了。

下午四点以后不再给孩子吃任何液体类的东西，非但起不到多大作用，而且让孩子的日子更不好过。所以，我们建议允许孩子喝水喝汤，当然适度就好，不必过量。另外，既然夜里 11 点和 3 点叫他起来撒尿的时候已经尿湿了，那么我们也建议夜里 3 点不必再叫醒他。还有，不论你的医生如何认为，我们认为你最好应该去找一个目前比较流行的尿床治疗仪，现在很容易买到，而且品种很多。

不过，针对尿床现象现在有了新的发现。虽然尿床治疗仪往往是你的最佳选择，也能最快见效，但是，医学家们发现许多尿床的孩子其实是有过敏症。如果能找出并且杜绝孩子的过敏原，尿床现象可能就此终止。最近几年，很多被认定是"小尿床精"的孩子，在禁食诸如牛奶、大麦、玉米（甚至有一个孩子是速溶土豆泥）之后，就不再尿床了，甚至白天也不再尿裤子了。

因此，我们的建议是，你可以先尝试一种好的尿床治疗仪。如果刚开始时发现没有作用，那么请放到一边，过几个月再拿出来试试看。如果仍然不见效，那么去找一个好的过敏专科医生，查找一下是否孩子的食物中有什么过敏原。另外，也建议你去找一个更有经验的医生，检查一下孩子的身体是否"真的"没有任何问题。

但是，不论你怎么做，你都不要奢望短期内能解决问题。你孩子夜间尿床的模式，也就是他到了现在都仍然在前半夜的 11 点就已经尿湿，表明他的身体发育若要达到不再夜间尿床的程度，还需要相当长的一段时间。不过有一点你做得很好，你从不为此责怪他。另外，你的小儿子现在才只有 18 个月大，因此大可不必担心万一他都可以不尿床了他哥哥的问题就更棘手，你应该还有好几年的时间呢。

9. 七岁孩子忽然变得害怕睡觉，这是为什么？

读者来信

亲爱的埃姆斯博士：

我和丈夫忽然就跟我们七岁的女儿帕蒂一起陷入了一个很大的苦恼之中。帕蒂虽然从来都不是一个睡觉香甜的孩子，但也从来没有像现在这么糟糕过。

如今，忽然之间，她仿佛被各种各样的噩梦打倒了，不但难以入睡，而且难以睡得安稳。实际上，夜间她简直就承受不了让她独自睡一间屋子的恐惧。我们该怎么帮助她消除恐惧，好让她能够睡得安稳一些呢？你有什么建议吗？

专家建议

一个典型的七岁孩子有可能会害怕任何的东西，包括害怕晚上睡觉。我们一贯认为，我们能给予你的最好建议，是让孩子知道你同情她，你相信她是真的非常害怕，但是，你们不会被这件事情打倒，不会让这件事情左右你们的生活。

比如说，孩子有可能会害怕上学，可是她还是要上学；孩子可能害怕见人，可是她还是有时候会遇到那些人。孩子有可能害怕上床睡觉，但是她还是需要上床，也最终还是能睡得着。

尽管这类的许多惧怕都只是在一定年龄段的暂时现象，但是，身处其中的孩子的恐惧感却是真真切切的，因此，我们要向孩子表达同情（但是不要太过度），这是恰当而善意的举动。比方说，我们可以延长和孩子夜谈的时间。在这样的夜谈中，有的孩子可能会吐露出他害怕的到底是些什么。当然也有些孩子说不出来，或者不肯说出来。如果你遇到这样的情况，那么你可以编一个故事，说有一个小女孩，特别害怕上床睡觉，然后和你的孩子一起轮流往下编故事。借助一个假想的故事中一个假想的角色，孩子往往更容易迂回地告诉你关于她的事情。

另外，请给孩子装一盏夜灯。你甚至还可以给她一个小摇铃，方便她怕极了的时候呼叫你。不过，孩子有可能会过于随意地使用小摇铃，因此你这么做的时候，需要小心把握尺度。

很偶尔的情况下，有些家庭可能需要去寻求外界的帮助，也就是说，找儿科专家，来帮助孩子克服这块心病。但是，绝大多数情况下，父母营造的同情氛围就已经能足够解决问题了。

还有，你这一方面，最好能做到保持平静的心态。如果帕蒂相信连你都被她害怕的东西所吓坏了，那么她就更会陷在里面爬不出来了，因此，你需要把握好同情孩子与冷静克制之间的尺度。我们可以保证，短短几个月之后，你就能发现女儿已经走过这道坎儿了。

10. 七岁的小孩子就夜游、睡不着觉，这正常吗？

读者来信

亲爱的埃姆斯博士：

我是贵专栏的忠实读者，不过我却尚未见你提及我家这样的问题。我觉得我们的问题的确很是一个问题。

我们七岁的儿子萨米，最近开始在半夜里满屋子转悠。他上床的时候很痛快，而且能很快就睡着，可就是从最近一段时间开始，他会在入睡后两三小时内醒过来，常常是因为做了噩梦，或者他想上厕所。然后他就睡不着了，一定要在自己小屋里来回转悠一阵子之后才能重新入睡。有时候他也会走出来，在整个大屋子里转悠。

他爸爸为此十分生气，为了他的夜游而责罚他，取消他的一些权利，勒令他必须在床上躺着。我觉得我丈夫对这件事的处理太过分了，萨米应该再过一段时间就能从中走出来，不再需要夜间转悠了。

萨米的学习成绩非常好，老师和邻居也都喜欢他，他并不是个让人头痛的孩子，而且一向有能力应付一些比较糟糕的状况，比方说生病、住院、搬家之类。尽管他偶尔也会挺难受地嫉妒他弟弟，不过绝大部分时间他对弟弟很好。

我其实想问你的是，像这种夜间睡不着觉而满屋子转悠的现象，要紧吗？这会不会只是阶段性的现象，我们不需要去管他，过一阵子他自己就好了？

专家建议

很有可能，只要你们不要太纠缠在这件事情上，这种夜间漫游的习惯就会像它来得那么突然一样，转眼就没影了。

我们可以理解你丈夫的心情，他受不了孩子这么夜游。但是，既然孩子夜间醒来以后自己多半能熬着，而不会过来弄醒你们，那么萨米其实已经比很多其他孩子做得好多了。

如果你觉得孩子的夜游有可能伤到他自己，比如说从楼梯上摔下去，那倒是应该制止孩子的这种行为。若非如此的话，我们不觉得孩子的夜游会给他带来什么伤害。你可以要求孩子上过厕所之后一定要直接回自己房间里去，如果你更愿意这么做的话。既然他一向是个好孩子，那么很有可能他会顺从这个小小的限制。但是，让他必须躺到床上却不见得有必要，而且很有可能根本不起作用。

对这个年龄的孩子来说，这种行为其实并不是很不正常的、很痛苦的行为，除非孩子会做些什么来伤害自己。我们完全不需要通过责罚来强迫孩子睡觉，只要他半夜醒来的时候能够知道自己照顾自己，自己找事情消磨这段时间，而不用你去要求他该怎样，那么，你们很应该为此感到庆幸。

11. 孩子早晨不肯多睡觉，一大早就要起来玩，该怎么办？

读者来信

亲爱的埃姆斯博士：

我们七岁的女儿劳拉丽，是三个孩子中的老大。她一向是一个非常活泼好动的孩子，而且只需要很少的睡眠时间。她小的时候，有几次我们开车带她出去旅行，她总是不肯躺在车里好好休息，有好几次都累得站在那里就睡着了，直到她膝盖打弯才倒下来。

劳拉丽也是一个非常聪明的孩子，七个月大就说出了第一个字，十个月大就会走路，十八个月大就能够清晰地讲话了。她学东西也很快，三岁的时候她画的画，就已经能赶得上六岁孩子的作品了。

我们简直惧怕夏季的长日，因为天一亮劳拉丽就醒了，很多次我们发现大清早五点钟她在院子里玩。冬天的时候，她有时候能睡到六点半，然后她就会去吵醒睡得正香的两个弟弟。

我们曾要求她回去接着睡，我们命令她、打她屁股、跟她讲道理、朝她吼叫、没收她的滑轮鞋、扣除她的零用钱、还不准她看电视……可是，都没用。她会躺回到床上去，但是只要我们迷糊过去，她就又悄悄爬出了小屋。在起床闹钟响起来之前，我们能这么反复折腾七八次。实际上我们自己起床相当早，因此，这里的问题不是我们喜欢睡懒觉。（当然，周末的时候，我们多么希望能够一觉睡到八点钟，哪怕就一次也好！）

你有任何建议吗？我愿意尝试任何办法！我们不能再这么下去了，过去的几年我们的睡眠时间一直都不够，而且，我们的耐心也已经消磨光了。

请问这么精力旺盛、特别活跃的孩子，是常见现象吗？这样的孩子会不会再长大一点就好了，还是会一直都是一个早起的鸟儿？给孩子服用柔和的镇静剂能行吗？或者还有什么其他我们没有想到的办法？

专家建议

这的确是一个问题，如果你有一个特别活泼好动、精力特别旺盛，而且不知停歇的孩子，这可真是很难办。不过，既然她已经长到了七岁，那么，虽然你还是需要给她提供一些途径，让她宣泄那些怎么也用不完的精力，你倒是也应该能够得到一些你期待的变化。

我们希望劳拉丽能够有自己单独的房间，这样的话她早晨醒来的时候就不必吵醒两个弟弟了。还有，你能不能给她一个闹钟，把闹钟时间定在比你们的闹钟稍微早一点点的地方，然后告诉孩子，如果她早上醒来，可以在她自己的小屋里玩，但是不可以出来，不可以打扰你们，要一直等到她自己的小闹钟响了以后，她才可以进你们的屋子，叫醒你们。

你们有没有试过给孩子早起的这段时间安排些合适的活

动？她有没有一些可以在这段时间里自己玩的游戏？比如说，玩拼图、给涂色书涂颜色等。你有没有专门给她留些小零食，比如一点水果或者饼干，让她早晨醒来时可以自己吃？

我们常常发现，父母一点小小的筹划和鼓励，就能让这样的孩子明显安静下来，不再变成家里的"小头痛"，效果真是令人惊讶。如果这些方法你们都试了，可仍然不管用，那么请问，你们有没有亲戚可以送孩子过去住一段时间，一直住到你们补足了欠下的睡眠？

我们很不愿意打击你们，可是，有的人的确完全不需要我们认为的"正常"睡眠量，而你们的女儿很可能就是这样的一个人。

12. 夜间睡眠不好的孩子，有可能是有视力等其他问题

![读者来信图标] **读者来信**

亲爱的埃姆斯博士：

我七岁的女儿帕蒂近来好像变得不如以前懂事了，而且她的日子也变得几乎没有顺心如意的时候。这一切问题的开始，在于去年的时候她被玻璃防风门夹伤了胳膊，缝了23针。打那以后，她开始常常在夜里醒来，一个星期至少有五天如此，而我则睡不够觉就情绪十分紧张。

我去寻求了指导顾问的帮助，对方说帕蒂只不

过是想要我更加关注她，让我多花些时间在白天陪陪孩子，这样孩子就不会再半夜醒来了。可是，这个方法并没有效果。其后，我们的家庭医生发现帕蒂肚子里有蛔虫，于是我们帮她打掉了蛔虫，可是她仍然几乎每夜都醒来。

当她半夜醒来的时候，我会把她送回到她自己的床上，而她则会要求我睡在她屋里的小吊床上。我会留下来陪陪她，但是有时候我也会偷偷溜回我自己的床而不被她发现。最近她已经好了很多，因为她现在常常一个星期只有一次会这样半夜醒来了。所以，我夜里已经能睡得很好了。

我丈夫认为我应该对她态度坚决一些，要求她半夜醒来后自己躺在床上，不要过来打扰我。可是，如果我真这么做的话，她会尖声大叫，把全家人统统吵醒。我想，作为一个夹在中间的孩子，她一定日子很不好过，也许这是她的原因吧。

专家建议

许多位居中间的孩子都能够好好睡通宵，我们不认为这是目前困扰帕蒂的主要原因。

你丈夫让你要求孩子自己躺在床上不要来打扰你，也不是一个好办法。既然现在帕蒂已经一个星期只有一次半夜醒来，而且醒来之后也能认可你把她送回自己的床上去，更何况等她入睡后你还可以偷偷回到自己床上去，那就说明，你的做法已经帮助她在这件事情上有了很大的进步。

我们不见得总能够确切地找出打扰孩子正常睡眠的原因，因此有的时候我们最多只能做到尽量帮助你们都能睡个好觉，而你现在已经做得很好了。

我们倒是很关心帕蒂是怎么伤到自己的。如果一个孩子看不见有一道玻璃屏障，例如你家的防风门，那么孩子的视力值得担心。你们有没有检查过她的视力？我们并不认为帕蒂半夜醒来的原因仅仅是因为她有视力问题，但是，我们却知道有困扰的孩子往往表现出各种让人头疼的行为来。如果她的困扰之一是她的视力问题，那么这应该不是一个很难解决的问题，至少也能对孩子有一定的帮助。

请你们去试试看，能否给孩子找到一个好的、对小儿视力很有经验的医生，最好能够找到一个对孩子在六七岁这个年龄段眼睛聚焦困难有研究的好医生。我们常常发现孩子的行为能够通过看似很不相关的帮助得到改善，一旦你帮她解决了这一个问题，你或许也会惊讶地发现真有效果。至少，这应该是一个很好的起点。

　　我们觉得帕蒂睡眠困扰最艰难的阶段应该已经过去了，而且我们期待着事情将会在她进入八岁的时候有更显著的改善。

13. 孩子对衣服的触觉太过敏感，该怎么办？

读者来信

亲爱的埃姆斯博士：

我有一个七岁的女儿马丽娅，那是我三个孩子中的老大。她总是对衣服的"感觉"太过敏感，比方说，有弹力的紧袖子、衣服上的羊毛绒、袜子上的褶皱等等。还有，过去的十个月以来，系鞋带也成了一个很棘手的事情，每天早上我们都要花五分钟时间反复打蝴蝶结："太松了……又太紧了……"她已经有能力自己系鞋带，可她坚持说她把握不好松紧，因此每天我们都要这么折腾一番。请问你有没有遇到过这样的问题？我倒是不会恼怒，但是她能够察觉我不喜欢这些折腾。

她的头发也是一个麻烦事。马丽娅梳着一个小马尾辫，每天由我替她打理。可是，每次我替她梳好头发以后，明明每一根头发都梳得好好的，可她就是要埋怨说没有梳好，一伸手把辫子拽下来，结果我就必须重新再梳一遍。请问，我应该一直这么做下去吗？她有一个四岁的妹妹，为了获取妈妈更多的爱和关注，她俩之间的竞争相当激烈，这梳头是不是也跟这有关系呢？马丽娅在学校里看来挺能调整自己以适应大家，而且学习成绩也蛮不错的。

如果你能帮我分析一下这个问题，我由衷感谢。我之所以没有拒绝帮马丽娅系鞋带，是因为我知道不做的话她会非常恼怒，而我却不想让我俩陷入有一方大吼大叫的局面。如果真这么吵闹一番也能解决问题的话，我也愿意尝试，但是，我担心结果只怕是每况愈下，而我又不愿意她满心恼怒地去上学。

专家建议

这个问题，有一部分属于这个年龄段的行为特征，但更主要的却是个性方面的问题。有不少孩子像你女儿这样，他们会有各种各样的不舒服，比如说衣领、皮带、发带、鞋带太紧了，辫子梳得不对劲，衬衫或者裤子太紧了或者松松垮垮往下掉……这些，看来的确都是源自于孩子非同寻常的敏感程度，而且也都真的让孩子很不舒服。虽然有一定的可能是孩子用这样的抱怨来获取妈妈的关注，但是，大多数情况下，孩子并不是在借此找事。

请问你们家里能不能另找个人帮她早晨系鞋带，比如说，她爸爸？这样的孩子往往最跟自己的妈妈过不去，除了妈妈以外的任何人他都显然更容易相处。还有，你也许可以帮她买那种不需要系鞋带的鞋子，这个办法怎么样呢？

至于马丽娅的头发，你能不能建议孩子换一种不需要怎么打理的发式？可能刚开始的时候这会让马丽娅又哭又叫，但是从长远来看，这能免除你们每一个人的不少苦恼。

孩子的这种乖张行为应该随着年龄的变化而消减。不过，假如未来的几个月里能够换一个人来帮马丽娅梳妆打扮，那么你们大家的日子都会好过很多。如果除你之外没有别的人帮忙，那么你可以试试看每个步骤你只肯帮到一定的程度。当然，你不需要大清早送孩子去上学之前来跟她"实行新政"；你可以另外找一个白天的时间来跟她讲清楚。

一旦你们商量好了新的规矩，那么你一定要坚定不移，没有商量余地，让她没有空子可钻。不少孩子对这种不容商量的规矩反倒遵守得相当不错。

孩子如果表现得好，你也应该予以鼓励。马丽娅估计肯定不会缺小星星，不过，假如你能带孩子去商店里，给她一点点小数额的钱，这想必能有助于她舒缓内在的紧张与压力。

14. 孩子很不愿意去上学，打屁股肯定不是办法！

读者来信

亲爱的埃姆斯博士：

我很希望能得到你的帮助，帮帮我们七岁的儿子吉米。他不知道为了什么很不愿意去上学。他的功课其实蛮好，所以不会是这个原因。他的每一个老师都说他非常拘谨，还说他总是特别害怕哪里会出错。

开学的前十天，一切都很好，直到他遇到了一个比他大的男孩子。从那以后，吉米每天早晨哭着不愿意去上学。他的校长、老师、爸爸还有我，我们都再三向他保证，那个男孩子一定不会再来打扰他，可是他仍然不肯去上学。

这并不是他第一次不愿意去上学，去年他就有过同样的问题。我用尽了一切我能想得到的办法，从请求他到贿赂他到强迫他，都试过，总之每次都能想办法让他去上学。但是去年有一次，今年也有一次，我打了他的屁股，然后强迫他一整天待在床上，不许玩任何东西，他爸爸晚上回来又打了他一顿，结果却是一连好几天他都说情愿挨揍也不愿意去上学。

而且不仅仅是上学，他其实对任何一点点小事情都过度担忧。比如说，这两个星期以来他天天担心他的内裤会不会穿一个洞，可是这样的事情他以前从来没有遇到过。每天早上我都要说了一遍又一遍，他的内裤没事，肯定不会穿洞，甚至还给他买了新的短外裤。

他爸爸认为每天晚上揍他一顿就该没事了，可是我不同意。我丈夫认为是我把孩子惯坏了，比方说，他早晨从来都有很好的胃口，而且现在每到星期六、星期天的早晨他也仍然很有胃口。可就是该上学的日子里，我竟然没法让他吃下半口，因为他总是说他肚子疼。

他的诸多抱怨之中还有一条，说每天上课都上得太久了。我曾经试过让他中午回家里吃午饭，可问题是吃过饭以后我就又要苦于送他回去上学了。

专家建议

打孩子肯定是不可以的事情，这不但不能解决你们的问题，更糟糕的是还会让孩子觉得你对他不好，残酷无情。你的孩子是真遇到了问题，要不要帮他就看你自己怎么决定了。但凡你想要帮他，惩罚绝对不是办法。

去私立学校可能是一个办法，不知道你们小区附近有没有一所好的私立学校？有一部分的公立学校已经开始意识到，年幼的小学生需要更多的特别关照，而且学前班、一年级和二年级的小学生更需要老师的保护，避免他们遭到大孩子的欺负，尤其是八岁淘气包的欺负。还有一些学校也发觉许多五岁、六岁和七岁的小学生其实更适应半天制的学制。我们希望你能帮孩子找到一个这样的让人愉快的学校。

　　你的孩子如此不愿意上学，这清晰地说明了学校的状况显然对他有很深的影响。他不是假装不想上学，他只是不能明确地说出来他想要什么、他需要什么、他能忍受到什么程度。请你一定要倾听孩子的心声。他在学校感到很拘谨，而且情愿待在家里，这说明他的行为年龄更像是六岁，而不是七岁。如果他现在能够去一年级，而且只上半天学，那么他的表现会好很多。

　　你也可以期待他再过一年能变得更粗犷一些，不会再怕这怕那。

　　我们不认为你的孩子有什么严重问题，但是我们仍然希望，你们能稍稍改变一下学校对孩子的要求，这一定能让你们的小少年快乐许多。

15. 我儿子该不该留级？
我该怎么跟孩子说？

读者来信

亲爱的埃姆斯博士：

我儿子迪克十月份的时候该满七岁了。他的老师认为如果让他复读一遍一年级，长远来说对孩子会更有好处。迪克很难安静下来集中注意力，也很难在椅子里坐得稳。他在班级里是一个问题学生，而且属于一年级最低水平阅读小组。尽管他很想在哪方面表现出一点特长来，可是，他却一直是班上最差的一个孩子。

他的老师是一个很出色的好老师，不过她认为迪克目前还不够成熟，还没有准备好升入二年级。我同意这一点。但我的问题是，该怎么跟孩子说，才能不让他将来变得更自卑。还有，我该怎么管住他的哥哥，不要借用这一点来攻击弟弟？他哥哥有些嫉妒他。

专家建议

首先，要恭喜你和老师都认识到迪克在学校的行为其实不是不良行为：这些行为并不表明这孩子不好，而只是表明这孩子还不够成熟，因此达不到学校要求的纪律和成绩。

至于该怎么跟孩子说、你是否能够成功打消孩子的自卑情绪，这很大程度上依赖于你和你丈夫怎么看待孩子留级这件事。如果你觉得这的确是件好事情（我们相信你会这么觉得），那么你跟孩子谈论这件事的时候，你的心态自然会比你选用的措辞更具有说服力。

很多家长的经历都证明，如果你跟孩子说爸爸妈妈和学校都觉得非常庆幸，因为你们及早发现了自己的一个错误，也就是太早送他去上学了，那么这样的说法往往会很有正面效果。要跟孩子指出来，在现有的状况下他已经做得非常好了，对他最有好处的做法，就是让他留级复读一遍，这样的话他不但现在会学得更好，而且在未来的几年中他也更会越走越好。

迪克初听到这一消息时，有可能大发脾气，很不开心，这没有什么关系，并非所有的孩子都愿意留级。但是，只要你能让孩子觉得你是温和而坚定的，而且并没有对他感到生气与失望，那么，几乎所有的孩子最后都能开开心心地接受这一安排。

至于该怎么跟迪克的哥哥说，你和你丈夫都需要警告这个大孩子，不得对弟弟说任何负面的话，最好是针对这件事情什么也别说。你也可以威胁他，如果他说了的话要狠狠收拾他（不过他还是可能要说不好的话）。

以我们的出发点来看，我们都认为你做了一件很正确的事情，为此你会在未来的几年中收到丰厚的回报。

结　束　语

　　随着你的孩子从最初的学前班一年一年地升学，你应该很清楚地注意到了孩子的行为在一年一年地不断变化着。当然，按照常规来说，任何大的改变都不可能以天计或者以星期计，而是逐渐变化的。但是，如果你能够远瞻未来的发展变化，就能够对孩子的变化冷静得多。毋庸置疑，孩子从出生长到现在的七岁，他们一直都在不断地成长，不断地变化着。

和孩子当初又吵又闹、又争强好胜的六岁相比，七岁的他往往是一个沉静的、沉思的、敏感的、内向而退缩的小少年，而且他往往还会沉醉在对人生的认真思索之中。

如果你家的孩子时不时地让你觉得有些太过于敏感和内向了，不要着急，请记得孩子到了八岁的时候又会再次变得外向。我们常常说八岁的孩子不但外向活泼而且快如闪电。不论你自己的性格更偏好于哪种行为特征，请尽量理解和尊重孩子成长的天然韵律，好好欣赏孩子在每个不同年龄段中的那些美好和奇妙之处，包括你的七岁孩子。

图书在版编目（CIP）数据

你的7岁孩子 / (美) 路易丝·埃姆斯, (美) 卡罗尔·哈柏著；玉冰译. -- 北京 : 北京联合出版公司, 2018.8（2024.6重印）

ISBN 978-7-5596-1863-4

Ⅰ.①你… Ⅱ.①路… ②卡… ③玉… Ⅲ.①儿童教育－家庭教育 Ⅳ.①G781

中国版本图书馆CIP数据核字（2018）第055031号

北京版权局著作权合同登记 图字：01-2017-9091号

你的7岁孩子

作　　者	[美]路易丝·埃姆斯　　[美]弗兰西斯·伊尔克
译　　者	玉　冰
责任编辑	郑晓斌　徐　樟
项目策划	紫图图书ZITO®
监　　制	黄　利　万　夏
特约编辑	曹莉丽
营销支持	曹莉丽
装帧设计	紫图图书ZITO®

北京联合出版公司出版
（北京市西城区德外大街83号楼9层　100088）
艺堂印刷（天津）有限公司印刷　新华书店经销
字数152千字　880毫米×1230毫米　1/32　9.5印张
2018年8月第1版　2024年6月第12次印刷
ISBN 978-7-5596-1863-4
定价：49.90元

紫图·汉字课

《汉字好好玩》(全5册)

有画面、有知识、有故事、有历史的汉字图书。
中央电视台、湖南卫视等多家媒体报道！
学汉字 就像在看画，写汉字 就像在学画！

  《汉字好好玩》曾获选为台湾"百年文学好书"，多次参加两岸文博会，被中央电视台、湖南卫视等多家媒体争相报导，并引发代购狂潮。这套书保留了象形文字的精华，延续了汉字原创的精神，展现了"画中有字 字中有画"的汉字精髓，融合了文字学、哲学、美学与创意，以艺术的眼光介绍汉字！

  作者精选75幅主题汉字画，500多个常用汉字的起源和演变，打破传统一笔一画的汉字学习方式，倡导图像学习汉字的新思维！

出版社：中国致公出版社
定价：329.00元（全5册）
开本：16开
出版日期：2018年5月

《一笔一画学汉字：1-3》

只要15幅汉字画，就能轻松学会86个汉字。
从根源认汉字，才是智慧的学习方式。

  《一笔一画学汉字：1-3》是《汉字好好玩》作者张宏如给孩子的汉字启蒙书，作者原创多幅汉字画作品，打破传统的汉字学习方式，让孩子们从一幅幅汉字画中感受古人造字的精髓，识字就像看画，写字就像在画画。只要一幅汉字画就可以同时达到识字、写字的效果。

出版社：北京日报出版社
定价：129元（全三册）
开本：16开
出版日期：2019年5月

《一笔一画学汉字：4-6》

只要15幅汉字画，就能轻松学会80个汉字。
从根源认汉字，才是智慧的学习方式。

  《一笔一画学汉字：4-6》是《汉字好好玩》作者张宏如给孩子的汉字启蒙书，作者原创多幅汉字画作品，打破传统的汉字学习方式，让孩子们从一幅幅汉字画中感受古人造字的精髓，识字就像看画，写字就像在画画。只要一幅汉字画就可以同时达到识字、写字的效果。

出版社：北京日报出版社
定价：129元（全三册）
开本：16开
出版日期：2019年11月

紫图·育儿课

《法布尔植物记：手绘珍藏版》（全 2 册）

因《昆虫记》闻名于世的法布尔又一巨作。

所有植物爱好者不可错过的"植物圣经"。

大自然给您和孩子的邀请信，送给孩子最好的礼物。

　　《法布尔植物记：手绘珍藏版》（全 2 册）由《昆虫记》作者法布尔耗时 10 年著成，权威，科学，生动有趣。法布尔用讲故事的形式讲述了植物一生的美丽故事，同时还告诉读者许多人生的智慧，是激发孩子探索世界的最好礼物。为了还原最真实的植物形态，绘者历时 2 年取景，培育植物，最终精美呈现出 300 余幅插画。

出版社：北京联合出版公司
定价：99.9 元（全两册）
开本：16 开
出版日期：2019 年 8 月

《勇敢的小狼》（全 6 册）

本系列荣获 2016/17 年英国人民图书奖"最佳童书"奖项、提名 2017 妈妈选择奖"最佳儿童读物系列"、提名 2017 英国教育资源奖"最佳教育图书"。

　　《勇敢的小狼》（全 6 册）由知名童书作家创作，专业童书插画家配图，已授权多个国家和地区。这是一套专为 4~7 岁孩子创作的绘本，帮助全球孩子化解成长过程中遇到的情绪问题，让家长不再焦虑，让孩子学会管理自己。随书赠送 4 套情绪卡片。

出版社：北京联合出版公司
定价：199.00 元（全 6 册）
开本：16 开
出版日期：2019 年 6 月

《青少年抗焦虑手册》

哈佛大学临床心理学家给孩子的成长课。

　　本书是一本为生活学习中普遍存在焦虑问题的青少年和年轻人提供的心理自助实用手册。孩子在父母或老师的带领下，在家里、学校里或者任何地方都可以拿来学习和使用，消除焦虑，纾解压力。书中针对具体问题设计了启发式问答及练习，帮助读者更好地理解焦虑的根源，养成积极的思维习惯。作者循循善诱，字里行间流露出同情和理解，充分考虑到青少年、年轻读者群的心理特点，融专业实用和趣味阅读于一体，是一本十分难得的心理健康读物。

出版社：现代出版社
定价：42 元
开本：32 开
出版日期：2017 年 2 月

紫图·育儿课

《开启高敏感孩子的天赋》

高敏感不是缺陷，而是上苍赐予 TA 最特别的礼物。

肯定 TA 的独特，开启他们的天赋，让他们感受更多，想象更多，创造更多。

《开启高敏感孩子的天赋》是高敏感孩子第一临床医生的扛鼎之作，给高敏感孩子家长的 41 个养育·照顾·陪伴的指导。全世界每 5 个人当中就有 1 个人是高敏感族，当这个人是孩子时，就是"高敏感孩子"。高敏感是种与生俱来的气质，它会成为孩子的弱点或是优点，全靠父母的教养方式。

出版社：北京联合出版公司
定价：49.9 元
开本：32 开
出版日期：2019 年 9 月

《赢在未来的"虎刺怕"小孩》

"虎刺怕"（Chutzpah）是犹太人特有的"个性品牌"，代表勇敢、不畏权威、大胆。

马云说："在以色列，我学到了一个词，Chutzpah——挑战传统的勇气。我相信这种精神属于 21 世纪，属于第三次技术革命，属于未来。"

《赢在未来的"虎刺怕"小孩》是一本展现犹太人育儿经验的书，给家有 0~12 岁孩子的你，养出不畏权威、理性对话的"虎刺怕"小孩。小孩哭不停，大人到底该不该介入？孩子不爱念书，怎么办？和小孩讲话不听怎么办？……犹太人育儿经验告诉你，如果想要孩子赢在未来，那么就给予孩子充满安全感、幸福快乐的童年！

出版社：北京日报出版社
定价：49.9 元
开本：32 开
出版日期：2019 年 9 月

《妈妈强大了，孩子才优秀》

央视著名主持人李小萌真心推荐"一本教妈妈的书，胜过十本教孩子的书。"

书中强调了家长要接纳孩子，要了解孩子不同年龄的心理特色，不要进行错位教育，否则大人孩子都累！

本书是儿童教育专家罗玲经多年研究，并结合自身育儿经验的心血之作，不但解决了育儿中的难题，甚至改变了家长在生活中的态度。书中除了给出具体解决诸如孩子胆小、好动、打人、骂人、磨蹭、逆反、不认错、爱抱怨、爱哭闹等生活中常常让大人焦头烂额的育儿问题的方法外，还从根本上告诉家长要如何才能帮助孩子长成最好的自己，如何引导孩子合理发挥自己的智能。

出版社：江西科学技术出版社
定价：39.9 元
开本：16 开
出版日期：2016 年 1 月

紫图·育儿课

罗大伦《脾虚的孩子不长个、胃口差、爱感冒》

不伤孩子的脾，别伤孩子的心。

从调理脾胃和情绪入手，有效祛除孩子常见病根源。

2018 年修订升级版。

新增当下常见的儿童舌苔剥落成因及调理。

  一本从调理脾胃和情绪入手，教会家长如何对症调理孩子常见病并祛除疾病根的书。书里介绍的各类调理方法已被无数受益的家长验证有效，只要家长认真按书里介绍的辩证使用即可。由知名中医诊断学博士、中央电视台《百家讲坛》特邀嘉宾罗大伦倾心奉献，帮助家长调理孩子瘦弱、不长个、胃口差、爱发脾气等一系列令人焦心的孩子生理和心理问题。随书赠送：孩子长得高、胃口好、不感冒的特效推拿、食疗方速查速用全彩拉页。

出版社：江西科学技术出版社
定价：49.9 元
开本：16 开
出版日期：2018 年 3 月

罗大伦《让孩子不发烧、不咳嗽、不积食》

调好孩子脾和肺，从小到大不生病。

指导家长用食疗和心理学方法 对症调理孩子常见病。

2018 年修订升级版。

新增怀山药治疗外感使用大全、白萝卜水止咳法。

  书中把孩子发烧、咳嗽、积食各个阶段的病因和症状讲得通俗、清晰，可以让任何家长都能及时发现孩子身体状况的变化，防患于未然。介绍的调理方法简单、安全，多为食疗及外治法，能提供给家长一系列可操作的解决方案。由知名中医诊断学博士、中央电视台《百家讲坛》特邀嘉宾罗大伦和儿童教育专家、亲子、教育专栏作家罗玲联袂著作，教你快速成为孩子身体和心理上的全方位保护神。随书赠送：孩子常见疾病的每个阶段不同疗法速查速用全彩拉页。

出版社：江西科学技术出版社
定价：49.9 元
开本：16 开
出版日期：2018 年 3 月

罗大伦《图解儿童舌诊》

知名中医专家、中医诊断学博士罗大伦，根据孩子常见身体问题与不同体质舌象的精准分析，给出了 40 种对症调理孩子身体的食疗、泡脚、推拿方等。

  很多孩子生病后，自己也说不清到底是哪里不舒服。作为家长，只要把孩子的舌象看清楚了，就能分析出孩子的问题到底出在了哪里，不仅能在疾病的早期及时给与食疗、推拿等调理的方法，也能在自己无法解决时，将孩子身体状况的准确信息传达给医生，便于医生诊治，从而更好地配合治疗，帮孩子早日恢复健康。

出版社：江西科学技术出版社
定价：69.9 元
开本：16 开
出版日期：2019 年 7 月